最強！カレー道

10歳から学べる食の本質

文・水野仁輔
マンガと絵・伊藤ハムスター

集英社

チュン
チュン
チン☆
おっ
ポーチドエッグ
いい半熟かげん!
ぼくはヒロト
料理好きの
小学4年生
趣味は
動画を見ながら
気になるレシピを
作ること
オハヨー
あらヒロト
自分で朝ごはん
作ったの?
おいしそ~
レンチン
しただけ~
母ちゃんにも
同じの
作っといたから!
いってきまーす!
今日は動画で見た
「ヘイジの究極カレー」作ってみよ~!!
ニンニク
あったかな…
これは
そんなぼくが

カレーにドはまりしていくまでのちょっとしたお話
キーンコーン
カーンコーン
7月の林間学校ではみなさんで班ごとに
ドン
カレーを作ってもらいます
…一番おいしいカレーを作った班に先生から「最強カレー」の称号を与えます…
ボソ
ボソ
ボソ
ワイワイ
ボソ
ボソ
また先生ヘンなこと言ってる〜
料理とか苦手〜！
ヒエ〜
べつに称号なんていらないよな〜な？ヒロト
最強カレー…
ぼくはちょっとほしい
うず
てか今日の給食カレーじゃん!!もうそれが最強でよくない？
ハハハハ
う〜ん
でも給食のカレーはなんかもの足りないっていうか
本格的じゃないんだよな〜

いいね
うちの班は「本格的」目指そうよ
マッ
マサ!
そっか!
マサくんち 有名な
カレーレストラン
「チャロー」じゃん!
いいな~
あの班
最強じゃん
マサだけで
優勝っしょ!
CHALO
ムッ…
なんかハラ立つ!
マサだけ
じゃなくて
ぼくだって
最強カレー
作れるけど!?
給食のカレー
もっとおいしく
することだって
できるし!
ウソ
マジ!?
食べたいん
だけど~
さっそく今日の
給食のカレーで
やってよ~!
じゅるっ
うっ

でできる…！
けどちょっとトイレ！
ぴゅー
図工室
あんなこと言っちゃってどうしよう…
ずーん
ここならだれも来なさそうだししばらく考えよう…
うーんうーん
ん？
なんだ？あの古いランプ
卒業生の作品かな？
ゴシゴシゴシゴシ
願いをかなえたまえ〜〜なんちゃって
ハア…
もうあきらめてムリって言おうかな…
「最強カレー」だってマサが作るだろうし

わっ
ボンッ
モクモク
なんだ…爆発(ばくはつ)!?
ゴホッ
だれじゃ…わが眠(ねむ)りをさまたげるものは…!
ギラッ
こ、これ…絶対(ぜったい)「ふういんされしヤバイやつ」だ!!
逃(に)げ…
サァァァ…

弱そう!!
アハハハハ
ランプに入ってたから強い魔人かと思ったー!
ペタペタ
ムッ
ランプではない!
なにをかくそう、ワシはカレーにおいて最強の魔人…「カレーマスター」なのじゃ!!
ほ〜ん
うたがっておるな
だって最強の魔人のランプが小学校の図工室に転がってるなんておかしいじゃん
このへんにあった
なかなか痛いところをつくのう

20年ほど前 ワシはおぬしと同じくらいの子どもを弟子にとりカレー道を極めんとしていたのじゃが
マスター!!
?!
ガタ
ガタ
ある日とつぜん、ここにおしこめられてしまったのじゃ
そんなわけでおぬしにはここから出してくれた恩があるから
ひとつだけ願いをかなえてやろう
3つは大変なのでね
マジ!? やった
じゃあ 今日の給食のカレーをめっちゃおいしくすることはできる?
それくらいたやすいことよ
コ、コレを使えばな!!
そ それは…?
給食の時間
キーンコーンカーンコーン
マスターに言われたとおりやってみたけど…
バターをひとかけ入れるんじゃ!
ひと皿に10gくらいじゃ
バター

※給食に食材などを勝手に追加することは、じっさいにはやってはいけません。おうちのカレーで試してみてください。

ホントに
だいじょうぶかな
パクッ
……!!
コクが
あっておいしい!!
わぁ
おいしい!!
わっ
いつもとちがう!
ヒロト
なに入れたの~!?
ごはんが
止まらないよ~
からっぽ
おかわりっ
ありがとう
マスター!!
あれ
いない…!?
どこ!?
グーグー
ひさびさに
外に出たら
つかれたのう

もくじ

プロローグ …… 2

01 おいしいカレーとは？ …… 12

02 カレーの辛さのひみつ …… 26

03 スパイスのひみつ …… 40

04 カレーの栄養 …… 54

05 腐らないカレー …… 68

06 カレーでお金もうけをする方法 …… 82

07 カレー屋さんの一日を見てみよう …… 96

CONT

08 カレーの歴史……110

09 カレーの発明……124

10 世界のカレー……138

エピローグ……151

解説……24・38・52・66・80・88・91・93・108・122・136

レシピ……150

カレー本ガイド……157

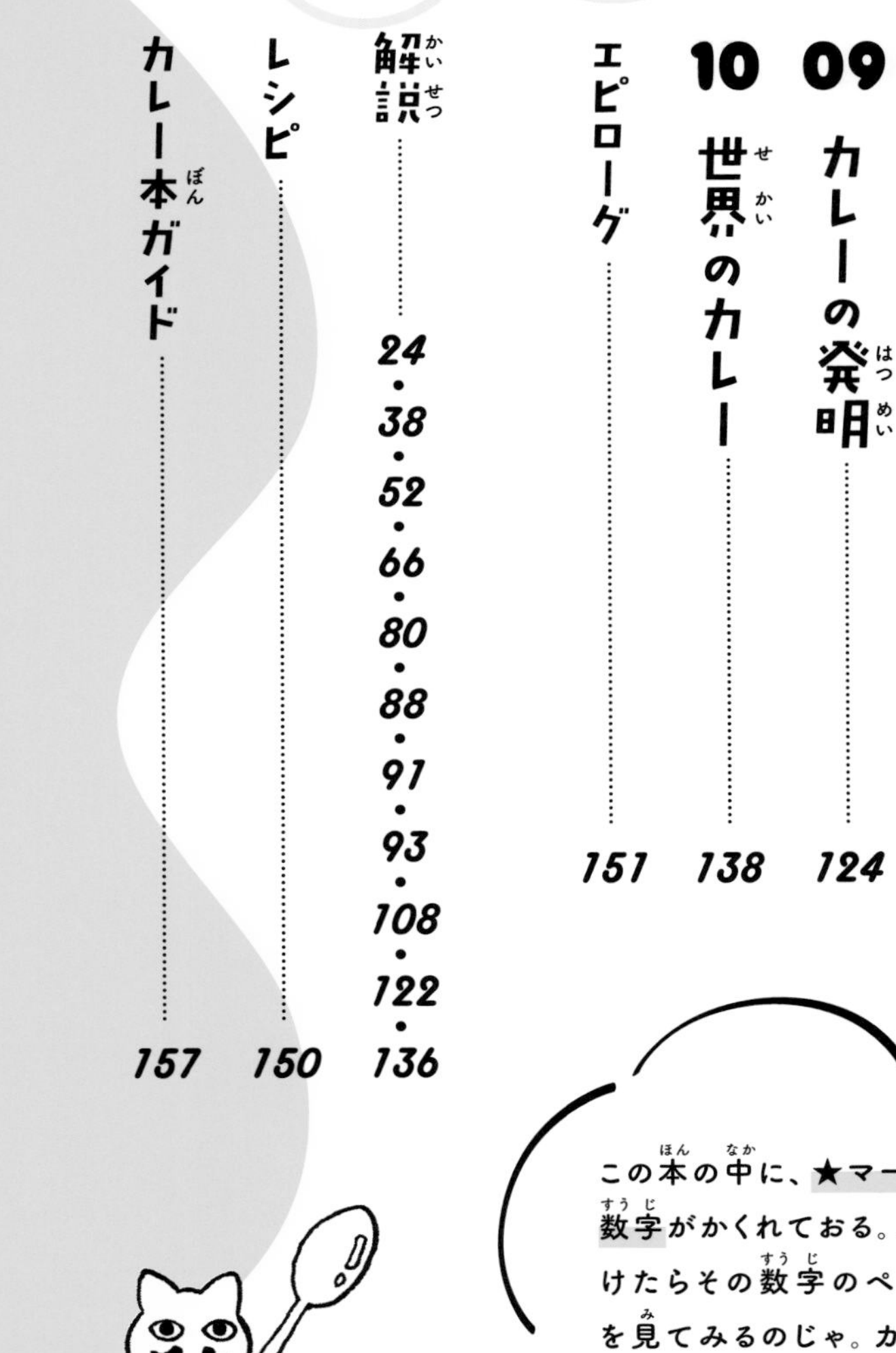

この本の中に、★マークと数字がかくれておる。見つけたらその数字のページを見てみるのじゃ。カレー道を極めるための解説があるぞい。

01 おいしいカレーとは？

きのうのヒロトのカレー、おいしかったなあ

ねー♡

ヒロトとマサくんがいればうちの班のカレーが絶対優勝っしょ!!

…ってあれ？ヒロトは？

またトイレだって～

トイレ多いな！

ハハハ

図工室

フー

よし

おりゃーっ
ゴシゴシ
ゴシゴシ
シ〜〜ン
やっぱり
こするだけじゃダメか
あとは…
じゅもん
とかかな
……「最強カレー」?
ピクッ
ゴシゴシ
わっ
当たった!

だれじゃ…わが眠りをさまたげる者は…
ガバッ
きのうのカレー、すごかった！
ぼく、最強においしいカレーを作ってみたくて…
カレーマスターの力をかしてほしいんだ…ほしいんです！
……
なにかを求める美しい目の光じゃ
よかろう！おぬしにワシのカレー道をたたきこんでやる
弟子をとっていた日々を思い出したわ
ああ…
マスターを捨てた人？
フフ…
おぬしはデリカシーというものがないのかっ
わー
ゴメンナサイ
そしてアリガトウ！

ところで…
最強カレーを作るには、バターをたくさん入れればいい！ってことではないよね？
んな単純な
その通りじゃ！
おいしい！
そもそも「おいしい」とはなんじゃ？
人が感じる「味」について、ヒロトはどのくらい知っておる？
まず、味覚には「基本四味」というのがある
塩味
甘味
苦味
酸味
の4つじゃ
しお
動画で見たことあるからなんとなくわかるぞ
ホッ
さらに、第五の味覚として「うま味」があり――
ご、5個目？
ちょ、待って待ってメモメモー！
――おいしさは味だけなく、香り、環境、食べる相手などによっても――
止まらない
カッ
わーーーーー！

まず、ワシはキミに問いたい！　最強カレーとは、なんじゃ？

え？　一番おいしいカレー。

もっと具体的に。一番おいしいとは、なんじゃ？

ん〜、100人いたら100人全員が「100点」って言うカレー。

残念ながら、そんなものは存在しない。最強カレーだなんて、とてつもなくむずかしいテーマなんじゃ。まずは「おいしいカレー」がなんなのかを考えてみようか。

でもカレーってさ、ふつうにおいしいよね。それをもっとおいしくできるの？　どうすればいいのかさっぱりだな。

そもそもカレーのどんなところがおいしい？

えー、いっぱいあるよ。カレーのソースがとろっとしていて味がこくて、玉ねぎが甘くて、じゃがいもがホクホクしていて、とにかくおいしい。肉なんかなくてもいいくらい。ごはんがいっぱい食べられる。

に、肉いらないのか……。まあ、肉の味は、知らない間にカレーに入り込んでいるのじゃがな。**カレールウの成分**★24には肉のエキスがバッチリ入っておる。とろっとしているのは、小麦粉のおかげ。シチューと同じで、とろみが強くなるのじゃ。じゃがいもにふくまれるでんぷん質も、同じようなはたらきじゃな。

それがごはんと合う。

あとは、カレーのなかで一番いい仕事をしている野菜は、玉ねぎじゃ。玉ねぎの甘味は熱をくわえることによって引き立つ。**メイラード反応**★24と言ってだな……ま、それはキミにはまだわからんだろうから、いいや。とにかく、玉ねぎにはナゾがある。甘味を示す「糖度」というのがあるんじゃが、玉ねぎの糖度は生でも、いためた後でも同じなのじゃ。

そうなの？　でも、いためると甘くなるじゃん。

甘くなるんじゃない。甘く感じやすくなるのじゃ。生の玉ねぎには苦味や辛味もあったりするんじゃが、加熱を続けると甘味以外の味わいが消えていく。すると甘味が強くなったように感じる。だから、昔から「カレーをおいしく作るなら、玉ねぎをとことんいためるべし」というのが鉄則じゃ。思えばワシもずいぶんといためてきたわ……。

なんだか大変そう。

それなりに時間はかかるが、やり方はいろいろとある。ところで、玉ねぎの甘味以外に、味覚には4つあると言われておる。[★25]「**基本四味**」じゃ。何かわかるかな？

わかるよ。「甘い」と「すっぱい」と「苦い」と……、あとは「うまい」？

おお、4つじゃな。甘い＝甘味、すっぱい＝酸味、苦い＝苦味。ここまでは正解じゃ。あとひとつは、塩味。

しょっぱいってことか。

塩味はすべての料理の基本。塩が足りないと味気ないし、多すぎるとまずくなる。どんな料理でも「おいしい」と感じるためには、塩味がちょうどよくキマっていることが大事なんじゃ。

甘いのはおいしいってすぐわかるけど、苦いとかすっぱいは、あんまりおいしくない。

苦味の良さは、大人になるとわかるじゃろう。酸味は、意外といい仕事をしておるぞ。たとえばみんなが好きな調味料、ケチャップやソース、マヨネーズにはしっかり酸味がきいておる。酸味はバランスよく入っているとおいしく感じるんじゃ。カレーも、酸味のあるトマトを入れて煮込むとおいしくなる。

「うまい」っていうのは、味じゃないの？

[★25]**うま味**っていうくらいだから味なんじゃが、あれは説明がむずかしい。うま味にはい

ろんな要素がふくまれる。うーん困ったな、アミノ酸★25のことを説明しなきゃならんのじゃが……簡単に言うと、だしやスープのじわじわ感じるおいしさとか、油のインパクトとか、乳製品のコクとか、しょう油やみそなどの発酵調味料が持つおいしさとか、そういうのがうま味じゃな。

説明するのがむずかしいから4つに入れてないの?

そ、そうなのかもなぁ。一説によると、うま味は、世界の中でも日本人が特にびんかんにキャッチできるらしい。海外には、うま味を感じにくい人や、うま味をそれほど大事だと考えていない人もいる。最近は、うま味という日本語が有名になってきているから、たとえばおいしい料理がたくさんあることで有名なフランスに行くと、「UMAMI」っていう文字がレストランのメニューや料理書にも出てくるぞい。

へー。じゃあ、うま味をたくさん入れたら最強カレーになりそう。

そうかもしれんな。「基本四味」と区別して、うま味は「第五の味覚」と呼ぶこともある

んじゃ。

特別あつかいだね。そういえば、「辛い」は？　カレーって辛いのに、辛いが仲間に入ってないじゃん。

実は、辛味は味覚じゃない。ほっほっほ、気になるじゃろう？　おもしろい話だから、これはまた今度くわしく説明するとしよう。まずは「おいしい」の話を続けると、カレーをおいしくする四種の神器っていうのがあるぞ。ま、ワシが勝手にそう名づけただけなんじゃがな。これを入れたらだれもが「おいしい」って言うアイテム。それはずばり……バター、にんにく、とうがらし、砂糖じゃ。

あ、バターだ！　この前、給食のカレーにバター入れたら、めっちゃおいしくなったもんね。

バターがおいしいのは、乳製品が持つコクのおかげじゃ。よって、生クリームやチーズを入れても同じ効果が得られるぞ。

とうがらしは辛くなるし、砂糖は甘くなるからわかるんだけど、にんにくは？

にんにくは、加熱したときに生まれる独特の香ばしい香りが食欲をそそるんじゃ。前に出て活やくするというよりも、陰にかくれて活やくする感じかな。

!!

にんにくは忍者ってことか。入れたらおいしくなりそうな材料がたくさん出てきた！

よし、最強カレーには全部入れちゃおう。

まあいいが、バランスは大事じゃぞ。しかし、もっと簡単なやり方がある。なんと、カレールウには、いま話したおいしさの要素が全部入っておるのじゃ！

え？　全部？

なべの中にポトッと落として溶かしただけで、いきなりおいしいカレーが現れる。マジックみたいなもんじゃ。おまけにスパイスもちゃんと入っておる。そもそもスパイスの香りがなかったらカレーという料理にはならんからな。香りがすごいところは、味を引き立てる。

引き立てるってなに？

映画やマンガに出てくる、主役と脇役を想像してみるとわかりやすい。カレーにおける主役は味、脇役が香りじゃ。脇役がいるおかげで、主役がみりょく的になる。主役がひとりでいるよりもずっといい、ということじゃ。

スパイスの香りがあるおかげで、味がもっとおいしくなるのか。

SAIKYOU

うむ。カレーが人気なのは、香りが強いからなのじゃ。「ふつうにおいしい」を「すごくおいしい」に変身させるのがスパイス。いろんな味のアイテムと香りのスパイスをうまく利用すれば、最強カレーができるかもしれん。カレーがおいしくなる理由はなんとなくわかったかな。

さあここで、また最初の質問にもどろう。おいしいカレーとはなんじゃ？　考えてもみよ、おいしいと思うかどうかは、人によってバラバラではないか？

たしかに、お母さんは昔から食べているっていうおばあちゃんのカレーが好きだけど、ぼくはあれ、なんか味がしょう油っぽいし、ドロドロしすぎていて好きじゃないんだよなあ。

それは習慣の差によるものじゃ。何度も食べてなれてくると好きになることもある。それじゃあ、最後にちょっと別の角度からの「おいしいカレー」を考えてみよう。目を閉じて想像するんじゃ。ヒロトの前においしいカレーができた。これから食べよう。

スパイスがすっぱいっス。
ゴメンなさい…

と、そこにとつぜん、ぷりぷり怒ってもんくを言っているおじさんがやってきて、となりに座ったぞ。さあ、ぷりぷりおじさんといっしょに食べるカレーと、ヒロトの家族みんなで食べるカレーと、どっちがおいしい？

!!

ぷりぷりおじさん〜!?　絶対いやだ！　家族といっしょのほうがおいしい。

うむ、好きな人と食べるか、そうじゃない人と食べるかで味わいは変わる。つまり、味と直接は関係ないことが、おいしさにえいきょうしているんじゃ。だれと食べるのか、どんな気持ちで食べるのか、どんな場面で食べるのか。それらの条件も、カレーのおいしさを左右する大事な要素となる。

そんなの、めっちゃむずいじゃん。

そんなことはない。自分がカレーを作るときの場面を想像すればいい。林間学校で、友達や先生がワイワイと食べて、おいしいと言ってくれるカレーじゃろう。条件は見えてきたな。ま、まだまだ考えることもやることも山積みじゃのう。

解説 1

カレールウの成分

カレールウにはさまざまな材料が入っています。スパイスの香りだけでなく、肉や野菜やフルーツ、他にも、うま味を加えたり、とろみをつけたりするための材料がふくまれています。

小麦粉

はちみつ

塩

しょう油

ニンニク

バターや植物油

ブイヨン

スパイス ★52

乳化剤

メイラード反応

材料に熱を加えたとき、アミノ酸などが糖分と結びついて化学反応をおこし、茶色に色づくことを言います。おいしさを生み出す現象。肉やパンを焼いてこんがりするのは、この反応によるものです。

メイラード反応でおいしくなっている食べ物の例

チョコレート

しょう油

コーヒー

みそ

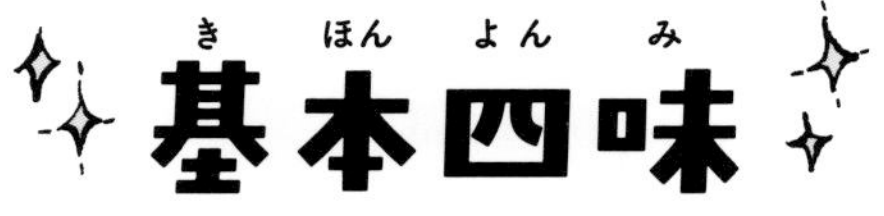

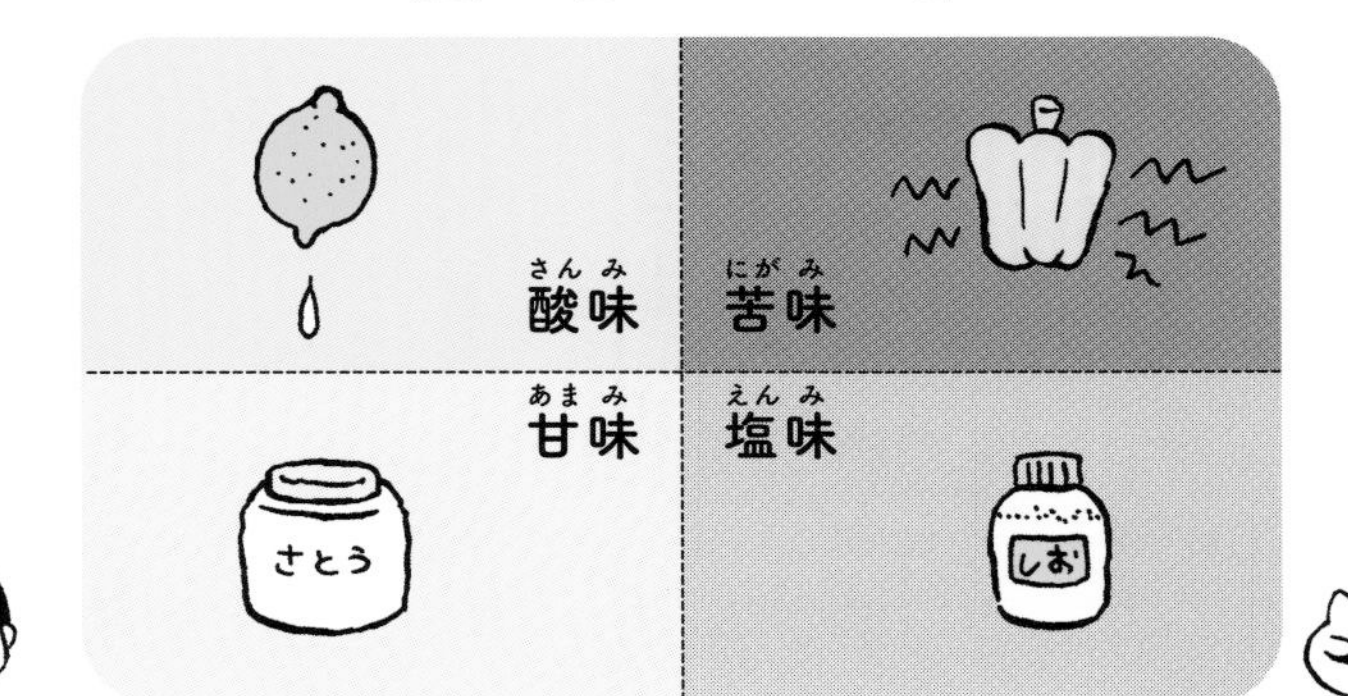

アミノ酸

人間の体は60％が水、20％がアミノ酸でできていると言われています。アミノ酸は約20種類あり、栄養素として大切なたんぱく質を生み出します。「おいしい」と感じるうま味のもとになるのは、主にグルタミン酸など。さまざまな食材にふくまれています。

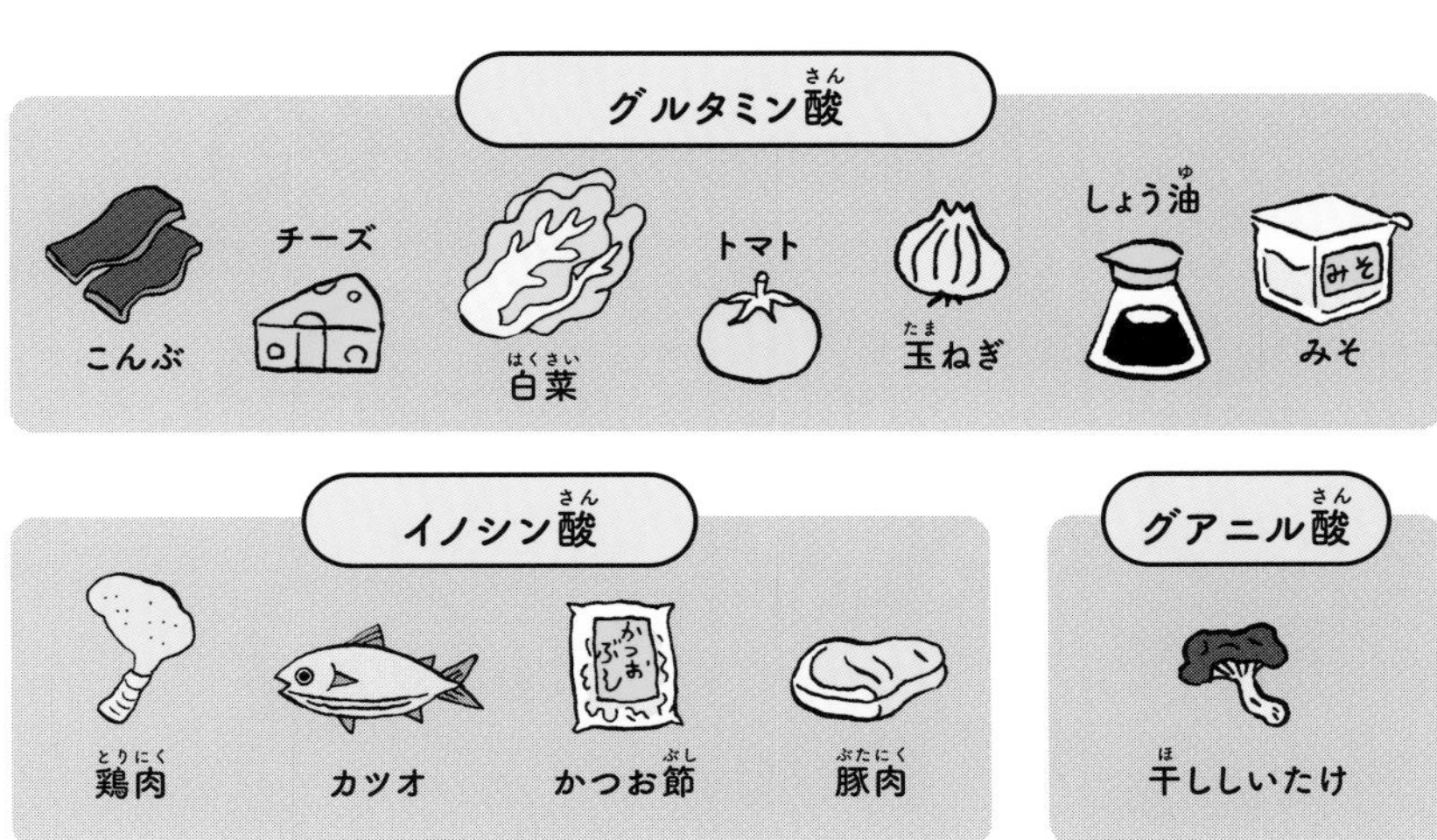

02 カレーの辛さのひみつ

キーンコーン
カーンコーン
それでは授業を終わります

ワイ ワイ
こないだの子ども会で食べたヒロトのカレー、めっちゃおいしかったよね！
そ、そう？
マジマジ！

もうあれが最強カレーってことでいいんじゃない？
マジマジ
マサくんもそう思わない？

うん…

おいしかったけど
ぼくはもっと
辛いカレーも
好きかな

辛口かあ！
マサくんは
やっぱり
本格的だね！

「本格的」…

言えない…カレーの辛口は
「食べられなくはないけど、
良さがわからない」
だなんて…

この空気の中で…

みんなは
どのくらいの
辛さが好き
なの？

えっとね〜

わたしと弟は甘口だけど、
大人とお兄ちゃんは辛口！

甘

辛

うちは全員
中辛！

中辛

フッ

ワイワイ
ぼ、ぼくは家で辛口カレー食べてるし！
うう…
くそーっ辛いのがそんなにえらいのかよーっ
ヒロトの家
「最強カレー」！
ゴシゴシゴシ
ボブッ
オオオオ
オオ…
だれだ…わが眠りをさまたげる者…
そのくだりまた最初っからやるの!?
本題まで早送りかスキップできないの？
ヒトをユーチューブといっしょにするな

ねえ、マスターはどのくらい辛いカレー食べられる？
なんじゃその質問は
いや…最強カレーはやっぱり激辛がいいのかなって
辛口かあ マサくんはやっぱり本格的だね
ほほう、では聞くが甘口とはなんじゃ？お菓子みたいに甘いのか？
うっ
フワー
だって辛口の反対は甘口じゃないの？
ちっちっちっ
「辛さ」とは、そんなにシンプルなものではないのじゃ
教えてやるぞい

ヒロトは、いつもどのくらい辛いカレーを食べておるのじゃ？

中辛。辛口は、水があればいける。でも正直、あんまりおいしいとは思わないかも。

ほうほう、では質問じゃ。辛口、中辛、甘口とはなんじゃ？　辛口はわかる。中辛とは、甘いと辛いの中間か？　しかし甘口は？　カレーがお菓子みたいに甘いのか？

たぶん、はちみつを入れているんだと思う。

たしかにそういうカレーもある。辛さと甘さの関係が問題なのじゃ。たとえば、すごく辛いカレーがある。これを辛さレベル100としよう。いっぽう、全く辛くないカレーがある。辛さゼロじゃな。中辛はレベル50ということになる。同じように、すごく甘いカレーは、甘さレベル100。全く甘くないカレーは、甘さゼロ。すると、甘さレベル50のカレーは「中甘」になるはずではないかな？　でも、「中甘口」なんてカレーはこのワシでも聞いたことがない。すごく不思議ではないか？

でも、「辛い」の反対は「甘い」じゃん。

そうだとして、では、しょっぱいはどうじゃ？　塩やしょう油を入れすぎちゃったらしょっぱくなる。しょっぱいの反対は？

甘い。

すっぱいの反対は？

甘い。

苦いの反対は？

甘い。あれ、おかしいな。

ほっほっほ！　反対がみんな「甘い」になっちゃうのう。実は、辛いの反対は甘いではないのじゃよ。「甘辛い」という味があるのじゃ。甘くて辛い。たとえば、とうがらしを入れたら辛くなる。はちみつを入れたら甘くなる。両方とも100ずつ入れたら、どうなるかな？

甘くも辛くもなくなっちゃう。

うち消しあう？　じゃあ、100の甘いと100の辛いがいっしょのなべに入ったら、戦って引き分けてゼロになるか？

ゼロにはならないな。あれ、おかしいな。

正解はな、100辛くて100甘いカレーになるのじゃ。たとえばタイのグリーンカレーは、辛い青とうがらしと、甘いココナッツシュガーが両方とも入って甘辛い味じや。辛いっていうのは、「辛みが強い」ということ。辛いの反対は、「辛みが弱い」。あんまり辛くないということ。すなわち、辛いの反対は「辛くない」。甘いの反対は「甘くない」。辛くも甘くもないけれど、おいしいカレーっていうのもあるんじゃよ。

え〜!?

ホテルのレストランで食べる、欧風のビーフカレーなんかがそうじゃ。まあ、今度、作ってあげよう。ところで、カレーを辛くするときには何を入れたらいいかな?

とうがらし!

その通り。そのとうがらしは南米原産でな、ヨーロッパ人で初めてとうがらしを発見したと言われているのは、冒険家のコロンブスじゃ。

アメリカを見つけた人?

そう。**アメリカ大陸を発見**★122した人が、ついでにとうがらしも発見しちゃったのじゃ。当時の冒険家はみんなスパイスがほしかった。一番人気があったのはペッパー。こしょうじゃ。ペッパーは辛くて香りがよくて、ヨーロッパで大人気。同じ重さの金とこうかんされていたくらい高価なものじゃった。ペッパーを求め、冒険家たちはヨーロッパからアフリカ大陸の南を回って、インドへと旅したのじゃ。そんな中、コロンブスも航海に出かけたんだが、彼は、西に進めば、金や香辛料のとれる「東方」にたどり着けると信じておった。そうして西へ旅したコロンブスは、アメリカ大陸沖にうかぶサン・サルバドル島に着いた。このあたりで見つけたのはとうがらしだったんじゃが、コロンブスは「これもペッパーなんだ」と思いこみ、とうがらしのことを「レッドペッパー」と名づけてヨーロッパへ持ち帰ったのじゃ。こうして、コロンブスのおかげで、世界中にとうがらしが広まることになった。だから、コロンブスよりも前の時代には、インドのカレーにもタイのカレーにもとうがらしは使われていなかったことになる。カレーにとうがらしが使われるようになったのは、４００年とか５００年くらい前のことだから、実はけっこう最近なのじゃ。

コロンブス、すごいじゃん。

あ、いかん。すっかり脱線してしまった。とうがらしやペッパー以外にも、料理を辛くするスパイスがあるぞ。マスタード。とんかつの横にそえられている黄色いからしじゃな。あとは、大人がおさしみにわさびやしょうがをつけるじゃろ。あれもスパイス

じゃ。ワシはその昔、カレーにわさびを入れて大失敗したなあ……。

マスターでも失敗ってするんだね。

ないしょじゃ。思い出すだけで、わさびを食べたときのようにツーンとなみだが出てくるわ。そうそう、★38**辛味の種類**はスパイスごとに全部ちがうぞ。わさびやマスタードは「ツン」とする。とうがらしは「ヒリヒリ」、しょうがは「スーッ」として、ペッパーは「ピリピリ」とくる。そして、辛味は味覚じゃない。えへん！

この前も言ってたよね。いいかげん、教えてよ。

舌の表面には★38**味らい**といって、いろいろな味を感じる部分がわかれておる。辛さを感じる部分も舌の上にあるんじゃが、感じ方が味とはちがう。「痛い」っていうのといっしょなんじゃ。

え、痛い!?

痛覚と言って、脳の神経に直接信号を送る。この痛さは、人によってはクセになるんじゃ。

え？　ハマっちゃうってこと？

うむ。自分で自分のことをたたいたりつねったりしているうちに、痛いけど気持ちいいみたいな感じがしてくる人がいる。

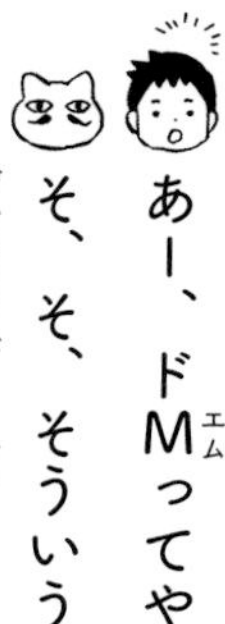

あー、ドMってやつだ！

そ、そ、そういう言いかたもある。だから辛くしすぎるのは危ない。でも人によって大丈夫な辛さのレベルがちがうから、辛さを選べるカレー店はたくさんあるんじゃ。あるお店では、「辛さ80倍」なんていうのもあるぞ。

80倍！　とうがらし80本入れるの？

い、いや、さすがにそれは……。たとえば、とうがらしの粉耳かき1杯分が1倍の辛さだとして、耳かき80杯を入れる感じじゃ。お皿の上は真っ赤であろうな。

辛くないとうがらしにすればいいじゃん。

たしかにな。それならできるかもしれん。実は、とうがらしの辛さは**スコヴィル**★39という単位で計測されておる。世界一辛いのは、アメリカのキャロライナ・リーパーという種類で、約200万スコヴィル。

食べたらどうなるの？

きっとすぐに救急車で病院行きじゃろうな。ふつうのとうがらしでも、食べるのは

ほどほどにせねばならん。適度な量なら「辛いはうまい」と思う人は多い。そればかりか、「辛いはやめられない」って人も出てくる。さっき、痛くて気持ちよくなっちゃう人の話をしたが、あの仕組みを説明しよう。とうがらしにはカプサイシンという成分が入っておる。これが人間の体内に入ると、アドレナリンという成分がぶんぴつされて、体が温まってくる。ヒロトは変温動物か？　それとも恒温動物か？

それ、このまえ動画で見たかも！　人間は恒温動物だよ。

では、体が温まってきたらヒロトの体はどうしようとする？

元の体温にもどそうとする。

そうじゃ、かしこいのう。そのときにアドレナリンとは別の成分が体内にぶんぴつされる。それをエンドルフィンという。

なんか、妖怪とか魔法使いの名前みたい。強そう。

ふふふ、妖怪と同じくらい強いぞ。エンドルフィンは体の温度を下げようとして、アドレナリンが体の温度を上げようとする。アドレナリンとエンドルフィンが交互に出てきて体の中で大さわぎを始めるんじゃ。ま、実際にさわいでいるのを見たことはないがな。きっとそうなっておる。アドレナリン、エンドルフィン、アドレナリン、エンドルフィン、アドレナリン……。温める、冷ます、温める、冷ます、温める……。その結果、「気持ちいいいいいいいい！」ってなる。きっとサウナも似たようなもんじゃ。

マスターはいつもカレーにつかっているから、サウナよりもおふろ派だね。

そうじゃな。辛さもひかえめが好きじゃ。快感がやめられなくなって、「もっと、とうがらしほしい！」となるのは、おそろしい。

ねえ、エンドルフィンって何からできてるの？

すまん、それはわからん。ヒロトが調べて、今度教えてくれ。さて、カレーの辛さのひみつはここまでじゃ。ヒロトが林間学校で作るカレーにはとうがらしをちょっとだけ入れたらいいかもしれんな。アドレナリンとエンドルフィンを出させて、「ヒロト君のカレー、好き！　忘れられない！　また食べたい！　ついでにヒロト君のことも好き！」ってなるかもしれん。

だけど、友達の味覚がヘンになっちゃうのはいやだな。

うむ。辛さっていうのはおいしいカレーにとってみりょく的なアイテムじゃが、使うときには注意も必要ってことじゃ。

使えって言ったり、使うなって言ったり……。ややこしい！

解説
2

辛味の種類と正体

辛味の原因となる成分を、香気成分と言います。香気成分によって、辛味の感じ方がちがいます。

辛味の種類	香気成分	感じ方
とうがらし	カプサイシン	ヒリヒリと痛い
こしょう（ペッパー）	ピペリン	ヒリヒリと痛い
しょうが	ジンゲロール	スーッとさわやか
マスタード	ベンジル芥子油	ツンとやわらか
わさび	アリル芥子油	ツンとなみだが出る

舌のどこで味を感じる？

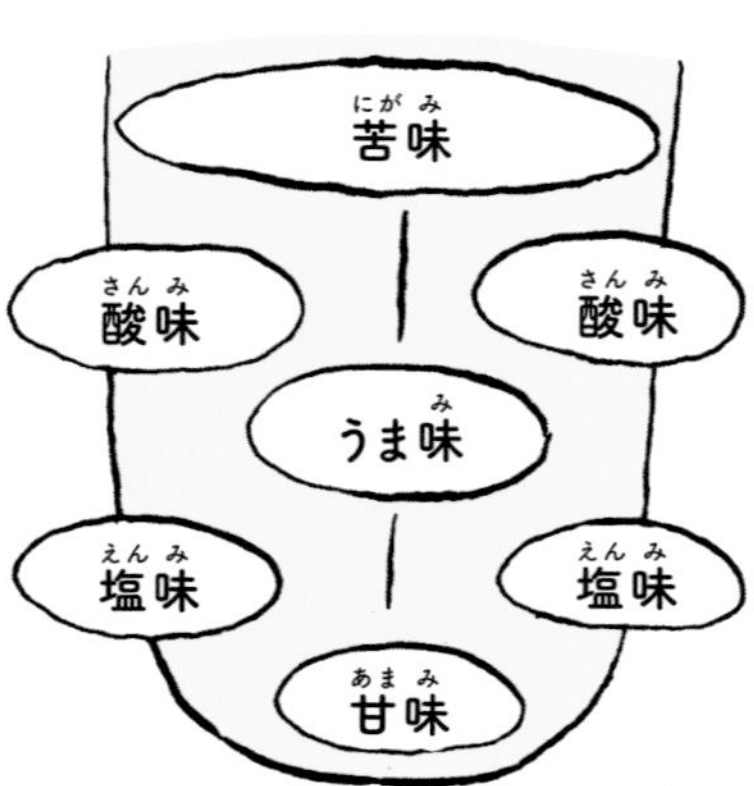

わたしたちは、舌の上にある味らいと呼ばれる部分から、脳に信号を送ることで味を感じます。味によって、感じやすい場所はちがうと言われています。

とうがらしの種類と辛さ

世界には数えきれないほどのとうがらしがあります。辛さもさまざま。
辛さのレベルは、「スコヴィル」という値で表すことができます。

種類	スコヴィル
キャロライナ・リーパー（アメリカ）	1,600,000 ～ 2,200,000
ブート・ジョロキア（インド）	1,000,000
ハバネロ（メキシコ）	150,000 ～ 350,000
スコッチボネット（ジャマイカ）	120,000 ～ 300,000
島とうがらし（日本）	50,000 ～ 100,000
プリッキーヌ（タイ）	30,000 ～ 100,000
たかのつめ（日本）	40,000 ～ 60,000
アヒ・アマリージョ（ペルー）	40,000 ～ 50,000
韓国とうがらし（韓国）	20,000 ～ 50,000
ハラペーニョ（メキシコ）	3,500 ～ 8,000

03 スパイスのひみつ

フン
フン
が帰ってくる前に
チャイ風呂にでも入るか…
シナモン
クローブ
カルダモン
チャポン
うむ
この香りじゃ！
フウ
マスター
助けて～
「最強カレー」！
ドタドタドタドタ
ゴシゴシゴシ

今日はスパイスについて教えてほしいんだ
あ、出てきた
ザバァ
風呂くらいゆっくり入らせい〜!!
まァ、スパイスにきょうみを持ったのはいいことじゃが
ん?このにおい…
クンクン
今朝かいだにおいといっしょだ!
チュン
チュン
チュン
オハヨ〜
ハヨ〜
フフ…
「辛さ」を学んだことで完全に最強カレーに近づいてしまったナ…
悪いな、マサ!
あれーっ?マサくん…

なんか、マサくん
いいにおいしない？
クンクン
そう？
クンクン
ほんとだ～
オシャレな雑貨屋さん
みたいな…
キャッ
キャッ
カフェ
じゃない？
うちのスパイスの
香りかな…
クンクン
カレー屋
だから…
!!
ちょっとかがせてくれ！
あ、
ヒロトだ
オハヨー

ほんとだ……
フンフン
スパイスとか、大人っぽいね
うん、やっぱマサくんのカレー楽しみだね～!!
ギリ……
それで、今度はスパイスについて知りたくなったのか

「辛さ」とはちがう、なんかオシャレでいかにも「カレー知ってます」って感じなんだよ～!!
いいなーー!!マサずるいぜ!
……そういう素直さがおぬしの良きところじゃな
沼
ギン
教えてもいいが、カレーの原点であり、スパイスは沼!ふみこむ覚悟はできておるか!?

ゴクリ…
お、お願いします!マスター!!
よく言った!
ではついてくるがよい!

SAIKYOU

うちで食べるカレーは給食のカレーと似ているんだけど、あれにもスパイスって入ってるの？

入っているに決まっとるじゃろう。スパイスがなきゃカレーはできん。その調子じゃスパイスが何かわかっておらんな。

知ってるよ。カレーを香ばしくさせるためのかくし味でしょ。

なるほど、かくし味か。ほれ、ここにクミンというスパイスの粉がある。つまんで食べてみなさい。

やだ！　なんか薬みたいだしおいしくなさそう。

なぜだ？　自分でかくし味だと言ったのに。

だって、そのまま食べてる人なんか見たことないもん。

たしかにそのまま食べるようなもんじゃないが、修行だと思って食べてみなさい。

ええ〜。

ほんのちょっとだけ。どうじゃ？　どうじゃ？

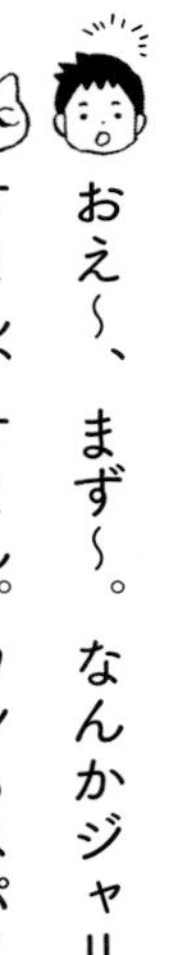

おえ〜、まず〜。なんかジャリジャリして苦い。

すまん、すまん。ワシもスパイスをそのまま食べるのはごめんじゃ。雑味や苦味が強いからな。スパイスはおいしくない。でもスパイスを使ったカレーはおいしい。

おいしくないなら入れなきゃいいじゃん。

もし、ワシが特別な力で世の中のカレーからいっしゅんでスパイスをとってしまったら、どうなると思う？

そんな力ないくせに。でも、別にスパイスはなくてもいいとは思う。まずくはならない。そもそもスパイスを入れるのって特別なんじゃない？　ふつうのカレーは、ルウで味つけをしてるだけだから。

おや、もう忘れたのか？　最初に教えたはずじゃ。★24**ルウは何でできている**んじゃったかな？

えーと……そうか、ルウにはスパイスが入ってるんだった！

うむ、カレールウにはカレー粉が入っている。カレー粉はスパイスを混ぜたものじゃ。ただし、スパイスを適当に混ぜてもカレー粉にはならん。では問題。カレー粉とはなんじゃ？

えっと、カレーの木からとれるスパイス！

ほほう、カレーの木。ある南の島に行ったら「カレーの木」が生えていました。それをよじ登って、実がなっているのをポンと切り落としたら、地面に落ちてパカッと割れました。中からカレー粉がさらさら〜っと出てきました。これがカレー粉です、ってことかな。

いや、実の中にそのまま粉が入っているのはおかしいと思う。ちょっとは加工するんじゃないかな。もしかして、カレーの木からは他のスパイスもとれるの？

とれん。スパイスもとれんし、カレー粉もとれん。そもそもカレーの木なんてものはないのじゃ。

え〜!? 今までの話、ぜんぶウソじゃん！ カレーの木がないならないで、はじめからそう言ってよ。

ほっほっほ、すまんすまん。世界中でとれるスパイスをちょっとずつ合わせると、カレーの香りができるんじゃ。

なんか、ひみつがありそう。マジシャンみたいに何かかくしてるんじゃないの？

何をかくそう、★53**ターメリックとレッドチリとコリアンダーとクミンの4種類**を配合すればカレーの香りはできる。ほれ、ちょっとにおいをかいでみなさい。

おー！ カレーだ。これって混ぜたら何色になるの？ 絵の具をたくさん混ぜていくと、けっきょく黒くて汚い色になっちゃうじゃん。

よし、混ぜてみようか。バランス的には、ターメリックとレッドチリが8分の1ずつ。コリアンダーとクミンが8分の3ずつ入る。ターメリックは黄色、レッドチリは赤じゃ。コリアンダーとクミンは茶色。さあ、絵の具を混ぜたら何色じゃ？

茶色。だって、8分の6が茶色でしょ？　茶色ばっかりじゃん。

正解じゃ。だからカレー粉は茶色をしておる。では、★52 **スパイスは世の中に何種類**あると思う？

100種類くらい？

実は、もっとある。その中でカレーに使うスパイスは何種類あると思う？

4種類なんでしょ？

もっとある。一般的なカレールウには30種類くらい入っているんじゃ。

そんなにー!?　でもさ、4種類でいい香りになるんでしょ。なんであと26種類も追加するの？　いらないじゃん。

ちょっとずつ香りが変わっていくからな。だからいろんなスパイスを混ぜることでびみょうなニュアンスが表現できるんじゃ。ただしな、絵の具の場合、間違えて黒い絵の具を入れちゃったら？

ぶっこわれる！

スパイスの世界でも同じことが起こるんじゃ。間違えたら変な香りになっちゃう。バランスがすごく大事なのじゃ。ここまでスパイスの「香りをつける」という役割について話してきたわけじゃが、他にどんな役割があるか知っておるか？　たとえば、ペッパー（こしょう）とかチリはどうじゃ？

色じゃない？　ペッパーは黒、チリは赤でしょ。あ、あと、辛い？

よしよし、ちょうど全部出たから整理しよう。★53 **スパイスには3つの役割がある**。①香りをつける、②辛味をつける、③色味をつける。ここでとってもおもしろいことがひとつある。スパイスには「味をつける」という役割がないのじゃ。ヒロトはたしか、シナモンが好きじゃったな。シナモンは甘い香りがする。でも、シナモンをそのままモグモグ食べても甘い味はしないんじゃ。

あれ？　でも変だね。甘い味はしないのに、なんとなく口の中が甘くなってくる気がする。

不思議じゃのう。そもそも「甘い香り」っていう言葉があやしい。だって「甘い」って味のことじゃろ？「甘い香り」って言葉は変じゃ。

でも、ホットケーキは甘い香りがするじゃん。

ホットケーキが甘い香りなのは、はちみつのおかげかな。あるいは小麦粉と砂糖が焼けたにおいのおかげか。きみたちは、そういうにおいのするものが甘くておいしいと知っているから甘い香りに感じるんじゃ。バニラアイスもそう。あれは牛乳と砂糖の味じゃ。でも、バニラというスパイスの香りをかぐと、バニラそのものには甘い味がしないのに甘い味を思い出すんじゃ。

あ！　シナモントーストとか！　シナモン使ってる。

シナモンドーナツとかシナモンパイ、アップルパイとかもそうじゃ。ワシらは「シナモンの香りがすると甘い味がするんだな」と習慣的に覚えておる。

脳が思い込みをしているってことか。

カレーも同じじゃ。カレーのスパイスの香りはおいしい味を思い出させるから、あの香りをかいだだけで、「ああ、食べたい」ってなる。

味と香りって、つながってるんだー。

まとめると、スパイスには「味をつける」って役割がないのに、味を感じさせることができるのじゃ。たとえば、ポテトチップスカレー味は、ポテトチップスにカレー粉を混ぜている。ではポテトチップスは何の味じゃ？

塩とじゃがいも？

うむ。でもカレーの香りがするだけで「カレー味だ」ってみんなが言うじゃろう。「カレーの香りがするじゃがいもと塩の味だ」って言う人はいない。

長いから言いにくいよ。

つまり、「カレー味」っていうのも変な言葉なんじゃ。

スパイスとかカレーのまわりは変な言葉ばっかりじゃん。

言っとくが、ワシが作った言葉じゃないからな。ともかく、香りがしなきゃ感じない味がたくさんあるってことじゃ。もし、香りを感じなくなっちゃったらどうなる？ たとえばきらいなものは鼻をつまんで食べるという人がいるな。味がわからなくなるからじゃ。味といっしょに、鼻から入る香りを脳に伝えることによって、味をもっと強く感じる仕組みになっているんじゃ。

舌も大事だけど、鼻も大事なのか。

ということは、カレーという食べ物は、スパイスやカレー粉の香りがしなくなったらおしまい。スパイスで香りはつくけど味がつかないということは、逆の見方をすると、スパイスは味をじゃましないということじゃ。これはとっても大事なポイントだぞ。ちょっとヒロトにはむずかしいかな？ まあわからんじゃろうな、ふっふっふ。

!!

わかるよ！

では、テストしてみよう。みそラーメンとしょう油ラーメンを混ぜたらどうなる？

みそ・しょう油ラーメン。なんだそれ、おいしくなさそう。味の組合わせが気持ち悪いから「おえっ」ってなる。

みそとしょう油の味はケンカするからな。どちらかにしてほしい。でもスパイスは香りだからケンカしない。しょう油ラーメンにもみそラーメンにもカレー粉を入れると、どちらもおいしいカレーラーメンになるのじゃ。ハンバーグも焼き肉もスパゲティもオムライスも、すべての味のものと、カレー粉やスパイスは仲良くできる。ほっほっほ、どうじゃ、スパイス最強説！

いや、そこで「最強」っていうのはなんかちがうと思う。

冷静じゃな……。言い方を変えよう。スパイスは一番仲間が多い。

そりゃそうだね。

敵をたおすのも強さじゃが、仲間になれるのはもっと強い。まだわからなくてもよいがな……そういうふところの深さってやつが、スパイスにはあるのじゃ。そしてカレーにはスパイスが欠かせない。

ってことは、カレーは奥が深いってことだよね？　なんか、おもしろくなってきたかも！

解説 3

スパイスいろいろ

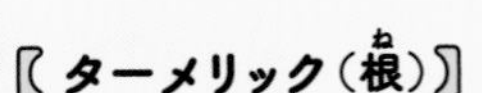

〖ターメリック（根）〗

別名ウコン。
しょうがの仲間。

〖レッドチリ（実）〗

強い辛味と香り。

〖クミン（種）〗

ツンとしげき的な香り。

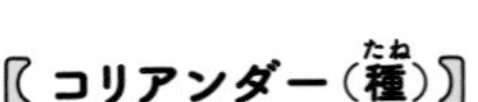

〖コリアンダー（種）〗

さわやかで
まろやかな香り。

〖カルダモン（実）〗

スパイスの女王。
高貴な香り。

〖クローブ（つぼみ）〗

薬のような深い香り。

〖シナモン（木の皮）〗

甘い香りで
スイーツでも活やく。

〖ブラックペッパー（実）〗

黒こしょう。世界中で
愛されるスパイス。

〖パプリカ（実）〗

赤い色をつける。香ばしく、
辛味はほとんどない。

〖ローリエ（葉）〗

煮込み料理によく使う。
肉などのくさみ消しに。

〖サフラン（花のめしべ）〗

黄色い色をつける
高価なスパイス。

〖スターアニス（果実）〗

不思議な形で、
クセのある香り。

スパイスの3つの役割

スパイスの主な役割は、「香りをつける」「色味をつける」「辛味をつける」の3つ。「味をつける」という役割がないのがポイントです。

	香りづけ	色味づけ	辛味づけ
ターメリック	○	○	×
レッドチリ	○	○	○
コリアンダー	○	△	×
クミン	○	△	×
カルダモン	○	×	×
グローブ	○	○	×
シナモン	○	×	×

カレーのスパイス基本4種

一般的に、カレーらしい香りを作るためには、「ターメリック：レッドチリ：コリアンダー：クミン＝1：1：3：3」で配合するとよいとされています。

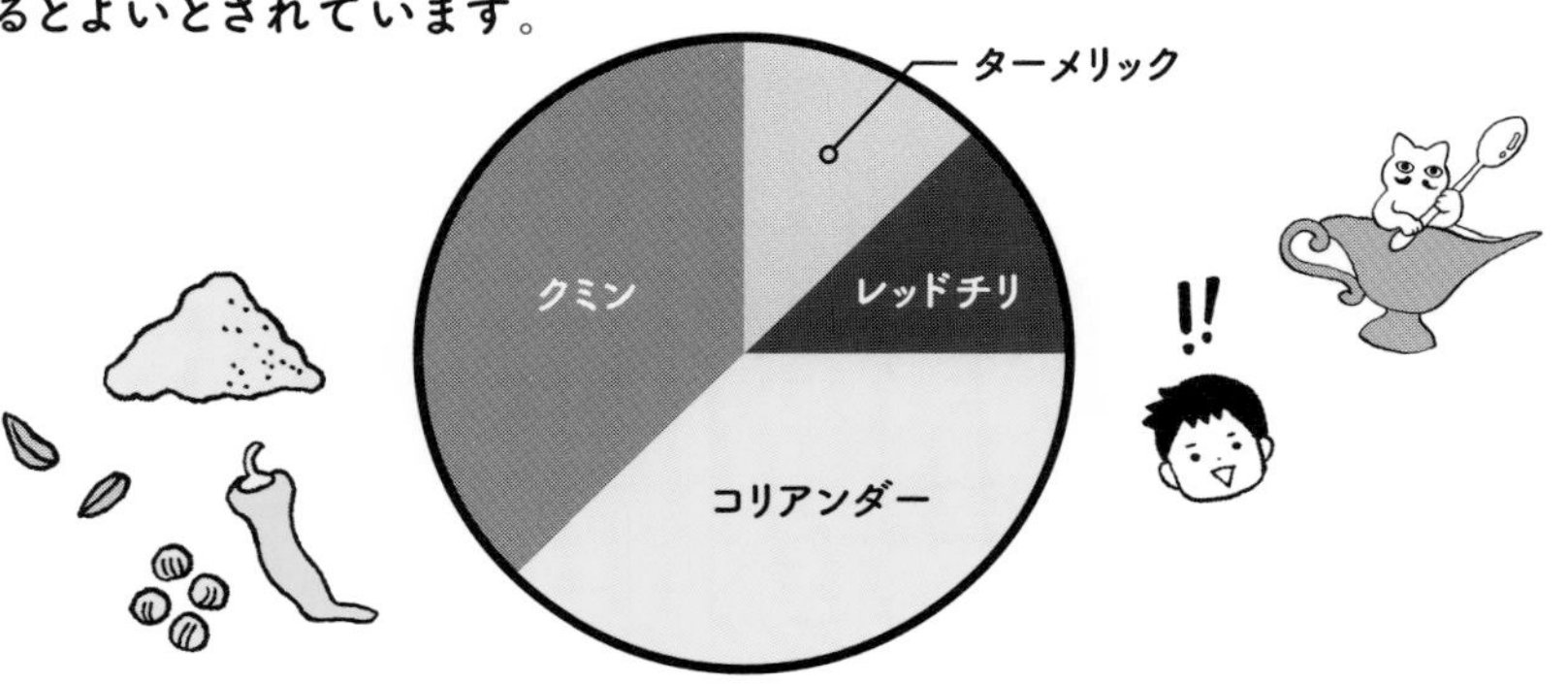

04 カレーの栄養

ズズ…

!

カッ

見えた

これぞ最強カレー…

ビク

ヒロト!!
ちょっと来なさい!

で、どうしてこんな点数取ったの？
15
理科
さ、最近ちょっとカレー開発にいそがしくて…
カレーなんて給食でも家でも食べられるでしょ！
まあまあ
熱中することがあるのはいいことじゃないか
それだけ熱心に研究してるなら、頭がよくなるカレーも作れそうじゃないか？
も～パパったらのんきなんだから！
頭がよくなるカレー…
でもそこがスキッ♥
変わってるなぁママは♥

それ、めっちゃいいじゃん!!
あれ、ヒロトは?
「最強カレー」!
ゴシゴシゴシゴシゴシ
ボワッ
ンン…もう食べられぬ…
ゴメンねてた?
マスター!「頭がよくなるカレー」ってある!?
あるぞ
アッサリ
やっぱそうカンタンにはいかないよねぇ…
ウーンウーン
エッあるの!?
マジ?!
いそがしいやつじゃ…
スパイスで脳の血流が増えるという実験結果が出ているんじゃ!
!

脳の血流がよくなれば、さえわたってくる頭がくる
（こともあるかもしれれん）！
シャキッ
YES!!
ヒロトの脳内イメージです
ALL 100!
WAO!!
他にも、お酒好きなヒロトのママには二日酔い防止のターメリックなんてスパイスもあるぞい
すごい！
…ってことは
もしかしてパパがやせるカレーも作れる!?
ぽっちゃり
シシシシ
可能性はなきにしもあらず
というのは野暮か…
「運動せい」

カレーで頭がよくなるって、なんかうそっぽい。

正直言うと、実はワシもこのあたりの分野は苦手なんじゃ。

なんか頼りないね、今日は。

いやしかし、見くびってもらっちゃ困る。ワシもそれなりに知識はあるぞ。実験によると、カレーを作るのに活やくするスパイスの効果として、脳の血流が増えるという結果が出ているのじゃ。ただ、それでどのくらい脳のはたらきがよくなるのか、頭がよくなるのかはちょっとわからん。ワシは今までカレーを食べまくってきたが、そのおかげで頭がよくなっている実感はないからなぁ。

じゃあ健康になるっていうのはどう？　スパイスって薬みたいだから。

それはありそうだ。★66 **カレーが健康にいい、栄養がある**という考え方はおそらく、おっほん、アーユルヴェーダというものから来ておる。

ダースベーダー？　宇宙人みたい。

いやいや、宇宙は関係ない！　インドの伝統的医学、インドで何千年もの間、受けつつ

URRY DOU

がれてきた医学のことじゃ。長い間、インドではスパイスを使って料理を作りながら、体の健康も保ってきた。その**スパイスの効能**★66は、中国を通って奈良時代の日本にも伝わっておる。これは、奈良の正倉院というお寺の宝物庫にこしょうが保存されていたことからわかったんじゃが、当時は聖武天皇がスパイスを使っていたという。あの、奈良の大仏を建てた人じゃな。聖武天皇の時代に、中国から鑑真というえらいお坊さんが日本にやってきた。鑑真は薬をいっぱい持ってきて、その中にスパイスもたくさん入っていたらしい。

スパイスと薬って別々のものなの？　薬はスパイスにはならなさそうだけど、スパイスは薬になる？

どこまでがスパイスでどこから薬か、線を引くのはとてもむずかしい。スパイスの中には、薬のように使われるものもある。

カゼひいたっぽいときにさ、お母さんがぼくに飲ませようとする苦い粉があるんだけど。あれ、スパイスっぽい。

ああ、それは葛根湯のことかな？　あれは漢方薬と言われている。漢方薬のベースは、かなりアーユルヴェーダのえいきょうを受けているそうじゃ。インド人のお坊さんが仏教を広めるためにたくさん中国に来た時代（紀元前後）があるからな。

じゃあ、やっぱりスパイスは薬なの？

うーん、スパイスと薬の境界線ばかりか、実は、薬と食べ物の境い目もはっきりしないのじゃ。ヒロトがカゼをひいて熱が出てから病院に行ってもらう薬は、西洋医学のもの。一方、ヒロトがカゼっぽいなぁ、という段階でお母さんがくれる漢方薬は、東洋医学のもの。この2つは、ちょっと考え方がちがうのじゃ。

なんとか医学がたくさん出てきて、ややこしいね。

まあ聞け。西洋医学の世界だと、薬は「病気になった後の体に作用するもの」。一方、東洋医学の世界では、薬は「病気になる前に体を整えるもの」でもあるのじゃ。ただ

スパイスと薬の境い目は、あいまイッス

（スパイスだけに…）

日本にカレーが入ってきたときには、すでに薬問屋でスパイスのようなものが売られていたから、日本でも昔からスパイスは体にいいと考えられていたんじゃろうな。

病院でもスパイスが使われているってこと？

スパイスそのものは病院でも薬局でも見たことがないな。日本にある病院のほとんどは西洋医学にもとづいておる。西洋医学の世界には、もともとスパイスというものはなかった。なぜかというと、西洋人がスパイスに出会ったのは、★122 **コロンブスの大航海時代**あたりで、それよりも前から西洋医学は存在していたからな。

スパイスができる前から西洋医学があったってこと？

いや、それはちょっとちがう。スパイスはもっともっと昔からある。植物じゃからの。インドのアーユルヴェーダ、中国の東洋医学ではスパイスを使う。西洋医学や西洋料理の成立はまあせいぜいローマ皇帝時代くらい、つまり紀元後からだから、それよりはるか昔の紀元前から

あるインド料理を、西洋医学のものさしで考えるのはむずかしいんじゃ。とはいえ、今となっては西洋医学の分野でスパイスの効能に関する研究がたくさんされておる。西洋医学がやっていることは、現象をとことんつきつめて理解しよう、というものじゃからな。たとえば、ヒロトのお父さんはお酒を飲むか？

飲むね〜！　よっぱらうとめんどくさいんだよ。宿題やれとか急に言いだすし。

じゃあ、ヒロトのお父さんは、お酒を飲む前にターメリックというスパイスを飲んでいるかもしれん。日本だとウコンという名前が有名かな。一般的に、ターメリックは胃や内臓を整えると言われておる。西洋医学の世界では、「そのターメリックの化学的成分は何なんですか？　その成分は、いったいどんな状態で、どのくらいの温度のときに何％の成分が遊離するんですか？　それが体の中でどういう代謝を受けて、どんな活性成分に変化して、どの細胞に対して効果を発揮するんですか？」と考える。

えーと、何言ってんのか、全然わかんない。マスター、よっぱらってる？

ワシは酒は飲まん！　ともかく、東洋医学は経験主義、西洋医学は実証主義なのじゃ。「ターメリックが人間の体を健康にしてきた」という経験を長年にわたって積み重ねてきたから「ターメリックが体にいい」と決めるのが経験主義。「ターメリックがなぜ体にいいのか？」を研究して証明してきたのが、実証主義。だから、インドや中国で受けつがれてきたスパイスの使い方について、後から西洋医学によってその効果が証明されたという例はたくさんあるんじゃ。

なるほど……。ややこしいけど、けっきょく、スパイスは薬みたいなものってことでいいんじゃないの？

まあ、そういうとらえ方もありじゃ。西洋医学で薬とされているものは、もともと何かの植物から作られたものが多いからな。でも、薬の代わりにスパイスで病気をやっつけようとしたら、ものすごい量のスパイスを食べないといけないのじゃ。お腹がはれつしそうになるまでカレーを食べまくっても、きっと効果としては薬ひとつぶにもならないじゃろうからな。

スパイスよりも薬のほうが、効き目は強いんだね。

そのぶん、落とし穴もある。化学物質にはいろんな作用があって、健康にいい作用を「薬」と呼んでいるけれど、体に悪い作用は「毒」となる。必要以上に取るのは良くな

いんじゃ。

毒!? カレー食べまくったらヤバイってことなの?

カレーなら大丈夫じゃ。ひとつのスパイスをお菓子みたいにぼりぼり食べまくったら危険じゃがな。とにかく、スパイスには健康にいい成分が含まれておる。でも、そんなスパイス料理をたくさん食べているインド人が、みんな病気しないっていうわけではないんじゃ。

ねえ、インド人ってさ、みんなやせてるの?

そんなことはない。やせている人もいるし、太っている人もいる。

お父さん、お酒の飲みすぎで太ってきたから、カレーでダイエットできればいいのに。「おいしくてダイエットできるカレー」があったら最強じゃない?

なかなかむずかしいじゃろうな。一般的には、カレーは油が多くて、塩分もコレステロールも高くて、ごはんをバクバク食べち

健康もカレーの道も、1日にして成らず!
…なのじゃ

ゃうと糖質も制限できない。小麦粉でとろみがついていることもある。油やごはん類はカロリーが高いし、塩分や糖質というのはとりすぎると太りやすくなる、とされておる。でも、そういう太りそうな要素は、実はスパイスとは直接関係ないのじゃ。だから太るのはカレーが悪いわけじゃない。かといって「スパイスでダイエット！」っていうのもむずかしい。

なんかさー、健康になるかわからないし、頭がよくなるかわからないし、ダイエットできるかわからない。わからないことばっかりじゃん！

そう。だから最初に言ったじゃろう。ワシはこの分野は苦手だって。だいたいテーマがむずかしすぎる。体質というものは、人それぞれみんなちがうんじゃ。簡単に「これがいい」とは言えん。それこそうさんくさい。

まあ、でもカレーはうまいからいいか。

そうじゃ！　カレーはおいしい。おいしいって幸せ。幸せは体によい！

とりあえず、お父さんのカレーにはターメリックを多めに入れといてみよう。

解説 4

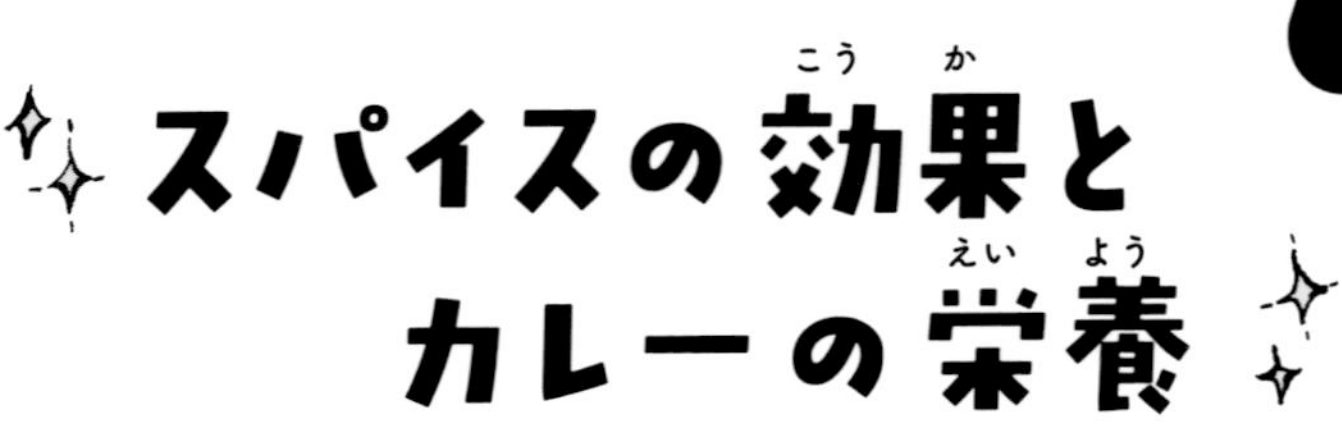

スパイスの効果とカレーの栄養

スパイスの効果

- くさみ消し……いやなにおいをかくす。
- 薬効……薬に似たはたらきをする。
  例）胃をととのえる、つかれを回復させる、
  消化を進める、気持ちを落ち着かせる。
- 抗菌（殺菌）……カビ菌のはんしょくをおさえる。
- 防腐……腐敗（ものを腐らせるはたらき）をおさえる。
- 引きしめる……料理の味をはっきりとさせる。
- 減塩・減糖……塩気や甘味を引き立てる。

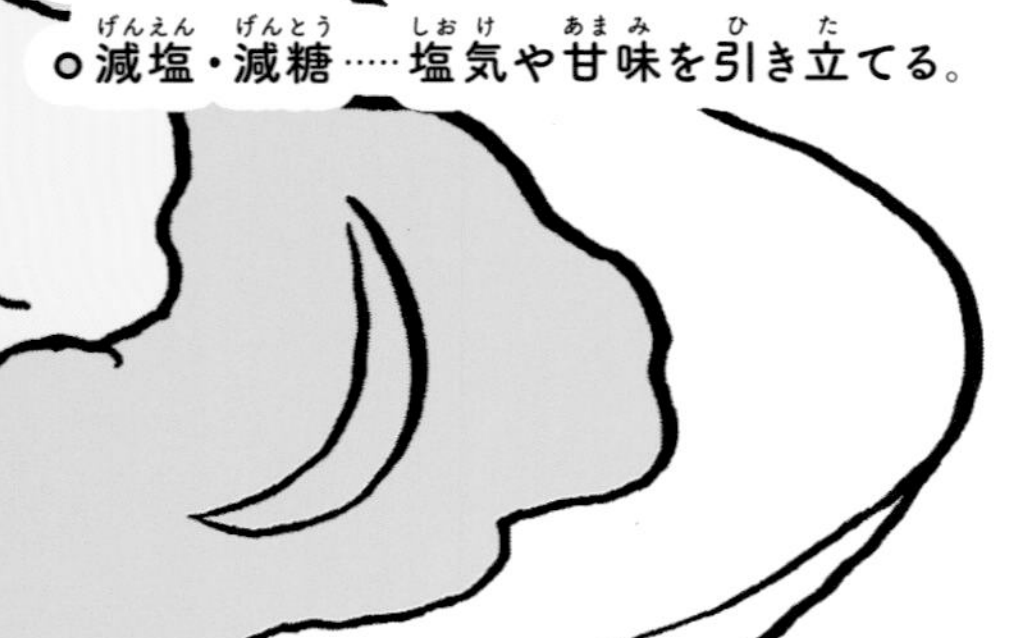

カレーの栄養

- 炭水化物……活動するためのエネルギーになる。
- タンパク質……体（骨や筋肉など）をつくる。
- 食物せんい、ビタミン類……体のちょうしをととのえる（肌を健康に、便通を良くする、栄養のきゅうしゅうを助けるなど）。

05 腐らないカレー

URRY DOU

母ちゃんも言ってたな〜
ポ
カレーっていたみやすいのよねぇ
〜〜з
「腐らないカレー」…
いたんだり腐ったりしないカレーができたら最強なのでは!?
マサくんちのカレー屋さん、このまえ雑誌にのってたってお母さんが言ってたよ
キャッ キャッ
えーっ チャローすごいね!
そのうちテレビにも出ちゃうんじゃない?
スゴーイ!!
やっぱり、最強になるには…
マサ(んちのカレー屋)に勝つしかない!!
CHALO
レストラン チャロー

カラン
コロン
いらっしゃいませ～
空いてる席どうぞ～
いきおいで、マサンちにていさつに来てしまった…
キョロ
キョロ
CHALO
Menu
おこづかいで足りるかな…
変そうしたヒロト
マサンちにも、あのランプあるんだ…マスターのとちがってキレイだな
「最強カレー」！なんつって
ゴシ
ゴシ
にしても、「腐らないカレー」かあ…どうやって作ろう
ワッ
お呼びデスかなーっ!?
ボワッ

URRY DOU

だっだれ!?
わたしの名前はカレーキング!
ニュッ
「腐らないカレー」ね!!
あなたのアイデア、べんりですばらしいデース!!
カレーキング
革新的、効率的はすばらしいことデース!
「カレー文化をより広く、よりべんりに」がわたしの使命
さあ、少年! わたしが伝授しマース!!
バッ
アワワ
どうしようマスターみたいなヘンなやつがまだいたなんて…

SAIKYOU

わたしはカレーキング。カレーはおいしい、楽しい、すばらしい！　カレー文化をより多くの人へ、より便利にお届けする。それがわたしのミッションなのデス。レストランチャローに来てから、もうずいぶんたちますね。

なんか、マスターよりギラギラしてるなぁ。

ところであなた、いま、頭の中に疑問がありますね。わたしには見えるのデース。カレーって腐ると思いますか？

え、なんでバレたのかな。だいたいの食べ物は腐ると思う。

腐ったカレーを食べたことがありますか？

ないよ。そんなことしたらおなか痛くなっちゃう。

ふつうは食べたことないデスね。食べたら大変。でもカレーの場合、少しなら腐っていても気づきにくいのデース。肉なら、腐るとにおいが変わりますね。カレーは、スパイスの香りがあるからわかりにくいデス。

どうしたら、腐ってるってわかるの？

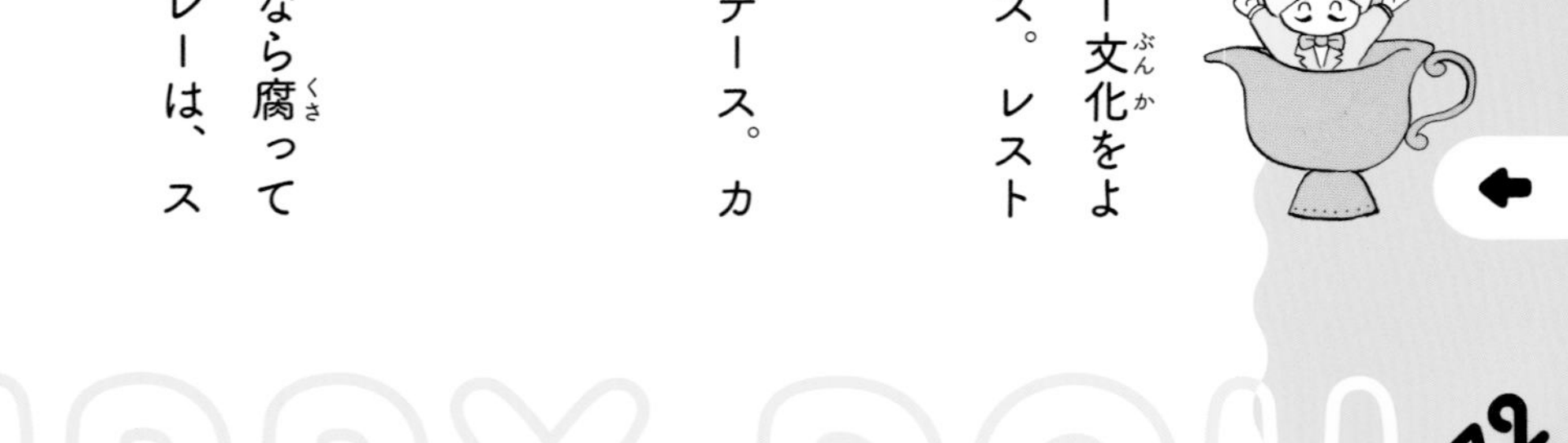

本格的に腐っている場合は、食べたらわかりマース。カレーは腐るとすっぱい。舌がしびれるかどうかでもわかりますね。

やだよ〜、食べて確認するなんて。

表面にカビが生えることもありマース。よくにおいをかいでみてもわかりマース。腐っているかチェックする計測器みたいな機械は、このキングですら見たことがありません。「腐敗（腐ること）と発酵は紙一重」と言うくらい、あいまいなのデース。

発酵って、たしか納豆とかヨーグルトとかは発酵させて作るんだよね。

正解デース。発酵はいいですが、腐敗は危険なのデス。腐敗は菌とか微生物のはたらきで起こりマース。腐るまでいかなくても、カレーを冷蔵庫などに入れずに長い時間放置したり、冷めたのを温めなおしたりするときに、ウェルシュ菌っていう細菌が生まれる。これが食中毒の原因になるのデス。

食中毒って聞いたことある。吐くの？

ひどければ吐くこともありマース。菌にとって居心地のいい、菌が一番はんしょくしやすい条件というのがあって、それは、40度くらいなのデス。

おふろと同じくらいだ！

あの温度帯は危険デース。

菌にやられないようにするためには、どうしたらいいの？

冷蔵や冷凍をしなきゃいけません。使っている材料にもよりますね。イモや豆が入っていると腐りやすいデス。イモや豆が入っているカレーは、冷蔵庫に入れても3日間くらいしかもちません。冷凍庫に入れれば、3か月以上はもちマース。

冷凍って、カレーをカチコチにするの？

そうデース。家だったら、できたてのカレーを少し冷まして保存容器に入れて、冷凍庫に入れるのデス。機械を使うと、もっと効率よく安心安全にできて、ベリー・グッド。急速冷凍といって、アツアツのカレーを一気に0度近くまで冷やして、そのまま冷凍させる方法があるのデス。

急速って速いってこと？　そうすると何がいいの？

菌の発生や、はんしょくを防げるのデス。あとは、[★80]**レトルト**にすれば、2年くらいは長持ちしますね。

レトルトって？

このすばらしい発明を知らないのデスか！　銀色のふくろの中にカレーが入っていて、湯せんとか電子レンジとかで温めると、そのままごはんにかけて食べられるのデース。

ああ、それなら見たことある。便利だよね。

そう、便利はすばらしい！ おいしく食べられる期間のことを賞味期限と言いますが、レトルトカレーは冷蔵庫や冷凍庫に入れずに2年間放置しても大丈夫。マジックのようですね。

それって、なんかあやしい。薬が入ってるんじゃない？

薬！ なんでも薬でなんとかなりそうですからね。たとえば、防腐剤という、腐りにくくするものがありマース。でもレトルトには入っていないのデース。保存料という、保存期間を長くするための薬も入れません。よくごかいされていることデスね！

じゃ、どうしているの？

カレーができあがったら、何も加えずにそのまま銀色のふくろに入れマス。

空気に触れていないから腐りにくいってこと？

たしかに、密閉しますからね。でも、ふくろの中には空気も入っているのデス。実は、**殺菌**★80といって、菌を殺しているのデース。

菌って死ぬんだ。不死身かと思ってた。

高温高圧をかけるとくたばりマース。水はどんなに加熱しても、100度にしかならないデス。でも、**レトルト釜**★81というものに入れると、圧力によって、温度が上がるのデース。

何度まで温度を上げると菌は死ぬの？

120度以上の熱が必要だと決まっていマース。ですから、圧力をかけて120度以上にまで上げます。レトルト釜の仕組みは、高温の蒸気が出るパターンとか、お湯が出るパターンとかいろいろありますが、とにかく温度を上げて殺菌するのデス。日本では、「カレーの具の中心部分まで120度になった状態で、4分以上かけて殺菌しなさい」ってルールで決まっているのデース。

そうすると、その銀色のふくろの中にある菌が死んじゃうんだ。でも、カレーの味も死んじゃいそうだけど。

カレーは死にません。でも、ちょっと味は変わってしまいます。この殺菌方法を用いたものを、専門用語でF値と言います。「F値＝4」というと「120度の条件で4分間の殺菌をしましたよ」という意味になりマース。

F値のFって、何のF？

それは知らないのデース。自分で調べてください。

マスターといっしょで、けっこう「調べて」って言ってくるなぁ。

簡単に教えてもらえば、すぐ忘れます。調べれば、あなたの知識になりマース。

ふーん。F4だと2年間大丈夫ってことは、F40なら20年長持ちする？

残念ながら、F4では2年保存できません。ふつうのレトルトカレーは、F20くらい。つまり20分以上殺菌すれば、2年以上もちますね。ただ、それだけカレーに苦しい思いをさせていることになるのデース。

なんだかカレーがかわいそうだな。ぼくはF4でいいや。そのかわり、賞味期限を短くすればいいんじゃない？

そうデスね。F4で1か月ですが……それなら冷凍庫に入れたほうがいいでしょう。いま、世の中で一番F値の小さいレトルトカレーはいくらくらいかというと、F12とか13なのデス。これだとギリギリ2年近くもちますね。

殺菌すればするほど、賞味期限が長くできる。

そう、殺菌と保存は、密接な関係にあるのデス。

F100とかF1000とかにして、菌を全滅させればいいじゃん。一生長持ちする？

だいぶ長持ちするかもしれません。でも、やりすぎるとカレーの味がおいしくなくなってしまいマス。香りもうすくなってしまいマース。

味がまずくなるのは、いやだな。

高温高圧力をかける前と後のカレーは、食べ比べてみると、かなりちがう味になっています。だから、できあがりの味から逆に計算して、レシピを設計することもありますね。そうすると、殺菌前のカレーはいまいち味がしっくりこないのに、殺菌したときにイメージ通りの味に仕上がる、ということになりマス。おもしろいデース。

キングって、なんでそんなにくわしいの？

わたしはカレーをたくさん売って、お金をたくさんかせぎたいのデース。お金がもうかれば、わたしのスタッフにもたくさんお金をあげられて、弟子たちも豊かになって、みんな幸せ。だからいろいろと調べました。

そうか、お金もうけが好きなんだ。

えへん。殺菌時間を長くすると、困ったことも起こるのデース。機械を動かすのにはたくさん燃料がいります。だからお金がかかります。すると、レトルトカレーの値段も高くなって、売れなくなってしまいます。それはやだやだやだ！　売り上げが落ちるのはいやだああああー！　……はっ、失礼。売れなくなるのは、困るのデス。

お金、好きすぎ。ぼくも好きだけど。レトルト以外に長持ちさせる方法はないの？

缶詰っていう方法がありますが、同じように高温高圧の殺菌はしています。

一番カレーを長持ちさせる方法は？

フリーズドライっていう方法はすごいデス。フリーズが「冷凍」、ドライが「乾燥」。

え？　どういうこと？

特別な機械を使って、カレーから水分をぬいて、カラカラの、すごく軽い状態にするのデス。

スナック菓子みたいに？　それ、そのまま食べるの？

お湯を注ぎますね。するとみるみるうちにカレーソースが出てきて、とり肉のかたまりなどの具も現れます。マジックみたいでおもしろいのデース。しかも、ちゃんとおいしい。アメリカのNASAで宇宙用に開発されているフリーズドライのカレーがあるそうですが、それは、なんと賞味期限が100年以上といううわさなのデス。

100年カレー！　すごい！　もうフリーズドライが最強じゃん。お湯かけてみたい。食べてみたい。

ふつうに売られているものもあるから、買ってみるといいデス。

ぼくが考えたカレーをキングが商品にしたら？　最強カレーじゃん。もうかりそう。

!! はっ！　それは考えたことありませんでした。メモメモ。

解説5

レトルトカレーの誕生と宇宙食

○軍隊食からレトルト開発

⇨レトルトパウチ食品は、アメリカ陸軍が缶詰のかわりに開発したのがはじまり。携帯性にすぐれていた。

レトルトカレー製造工程

1 カレーソースの原料を投入

専用の釜に、調合したスパイス、調味料、いためた玉ねぎなどを入れていく。

2 煮込み

カレーソースを煮込む。

3 パウチ詰め・ルウを加える

野菜や肉などの具材をゆでて下準備したものを、パウチへ充てん（詰めること）する。パウチにルウを加える。

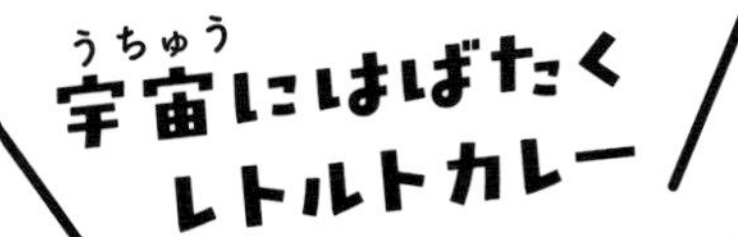

国際宇宙ステーション（ISS）に滞在する宇宙飛行士のために開発された「宇宙日本食」。この中には、日本の食品メーカー「ハウス食品」が開発したレトルトカレーもある。味はビーフ、ポーク、チキンの3種類。無重力の宇宙空間でおいしく感じられ、また、健康を保てるように、さまざまな工夫がされている。

4 加熱処理（殺菌）

密ぷうしたパウチをレトルト釜に入れ、高温・高圧をかけて殺菌する。「食品衛生法」では、120度で4分以上加熱するきまり。

5 検査

パウチを冷ましたら、しっかり密ぷうされているか検査する。

6 箱詰め

検査に合格したパウチをパッケージに入れ、賞味期限を印字する。異物の混入がないか、X線検査装置なども使って最終検査をして、出荷する。

08

カレーでお金もうけをする方法

それにしてもマスターと似てるな…
ただようインド感…
フワフワ
キングはマスターと知り合いなの?
マスター…?
その名を聞くのはいつぶりでしょう…
スー
そうデスか、彼も魔人として目覚めていたのデースね

わたしと彼は、かつて同じ道を歩いていたのデス…

ハハハハ…

ほんとうの兄弟のように

ハハハ

日々、カレー道をまい進していたのデス

ハハハハ

もう
わかった!
長いよ!

ハハハハ

しかしある日…

キング、おまえ
このカレー…
あっ
それいい
でしょ！
わたしが開発した、だれでも短時間で
そこそこおいしいカレーが作れる…
「ジェネリックカレー」なのデス！
よかったら
マスターきみも…
…ワシは、好かん!!
キングカリー
ワシは金もうけなんて
したくない!!
カレー文化を極め、
おのれのカレーを
追求するのみ！
それがワシの
カレー道じゃ!!
カッ
金もうけの何が悪い！
わたしはもっと多くの人に
カレーのすばらしさ伝えて、
カレー界の弟子たちが
豊かに暮らせるように
したいのデス！
カッカッ
キングカリー

URRY DOU

そんなこと言ってもうけた金でゲームに課金するんじゃろ〜

うっきさま…

もう一度言ってみろ〜!!

そしてわれわれは道をたがえたのデス

その後はなんかいろいろあって二人とも魔人になってしまい、今にいたりマース!!

アッサリ

フツーなら「なんかいろいろ」のほうをちゃんと聞きたいけど、いまはカレーのほうが気になるからOK…

ん〜〜〜

でもさ、マスターちょっと古いんじゃない?

アハハ

お金もうかったほうが、いいじゃんね!

?

あ、あなたは…

すばらしい!

なんって話のわかる少年デスか!

わ…

ガシィ

気に入った!! どうやったらカレーでもうかるか、教えてあげマース

なつかれちゃったな…

SAIKYOU

問題デス。日本で一番値段の高いカレーは、いくらでしょうか？

んー、1万円とか？

すごい、ほぼ正解デス！　もう少し高いカレーもありますが、いつでも食べられるメニューでいうと、東京の銀座にあるレストランに1万円のカレーがあります。伊勢エビとアワビのカレー。今度ごちそうしてあげましょう。

やったー！

この1万円カレー、どのくらいもうかると思いますか？

ふつうのレストランよりちょっと少ない気がするな。たぶん、注文するお客さんが少ないから。

実は、注文が入れば入るほど赤字になる。つまり、もうからないのデース。

え？　意味わかんない。

おそらく、1万円のカレーを出すのに1万2000円かかったりするのデス。伊勢エビもアワビも高級食材なので、材料費だけで5000円以上するのではないでしょうか。銀座だから、家賃もとっても高いはずデス。レストランではたらくスタッフもたくさんいるから、その人たちのお給料、つまり人件費もたくさん必要なのデス。

え〜。じゃ、やらないほうがいいじゃん。

では、カレーのお店でお金をもうけようとしたら、どんな方法があるでしょう？

ええと……店の名物メニューを出せば、ネットで広がっていくから、お客さんがたくさん来る！

お客さんがたくさん来れば、もうかりますね。もうひとつありマース。材料費100円で作ったカレーを1000円で売れば、材料費500円で作って1000円で売るより、もうかる。

え、ぼったくり……。

ノーノー！　それもりっぱなビジネス、経済活動なのデス。いいですか。カレー店をやろうと思ったら、★88**材料費、家賃、人件費**のそれぞれを、売り上げ全体の3分の1以下にするのがいい、と言われています。つまり、1000円のカレーを出すためには、材料費は300円、家賃も300円、人件費も300円にしないといけません。

それじゃ100円しかもうからないじゃん！

だから、その300円ずつを少しでも減らそうとします。ここからは算数デース。あなたは一皿の値段が1000円のカレーを出す、10席のお店をやっています。1日に40人のお客さんが毎日来るとします。1日の売り上げは？

えーと、1000円かける40人だから、4万円。

はい。では月に25日間、営業したら？

4万円かける25日だから……100万円。おー、100万円！

それに対して、材料費が20万円、家賃が20万円かかりました。あなたの給料は？

40万円引いて、60万円。すごい。

でも、お店をやるためには、他に

解説 6-1

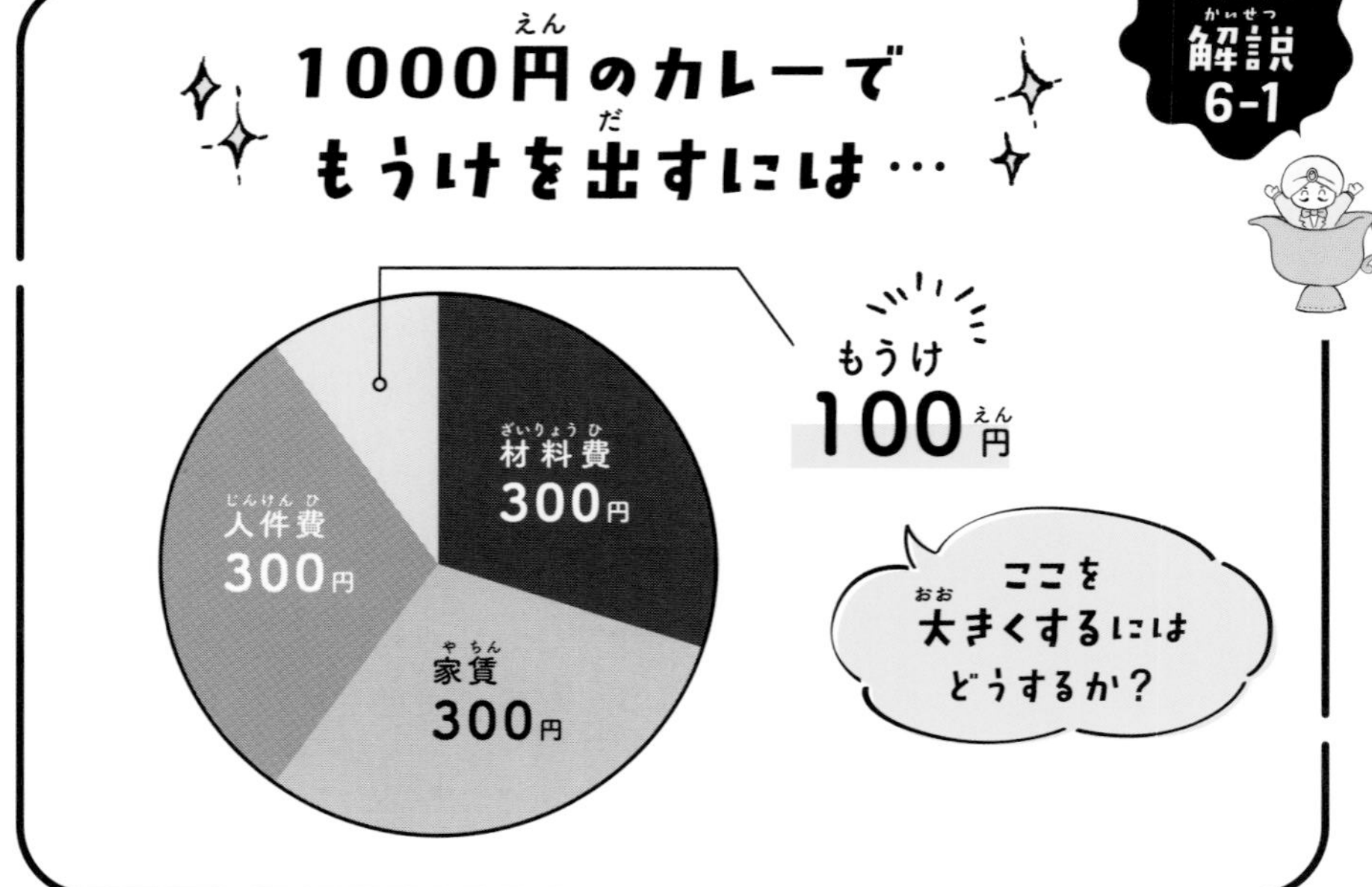

もかかるお金があるのデース。

ガス代とか電気代？

そう、水道光熱費★91と言いますね。これが7万円。他にメンテナンス費★91といって、冷蔵庫やガス台がこわれたときに直したりするお金や、お皿を割ってしまったときに必要なお金があります。これが3万円としましょう。さっきのお金と合計して50万円デス。するとあなたの給料は？

50万円もらえるじゃん。1年で600万円！

おお、計算が早い。さてはあなた、お金もうけが好きデスね。わたしの仲間デース！ では問題、あなたがお店をやるとしたら、だれがそのことを知ってくれますか？

ツイッターとかやって、ネットに流して……。

オーケー。でも、フォロワーゼロ人からスタートですから、きびしい道のりデース。

友達がいるもん。友達に流す。友達なら100人くらいいるから。

友達100人、すごい！ では、そのうちの40人が、月に25日間、毎日欠かさず来てくれますか？「今日は20人しか来なかったな～」では、売り上げがどんどん減ってしまいますね。

うーん、給料25万円くらいになっちゃうのか。

では、チラシを近所に配ることにしましょう。1000軒のお家に配れば、そこから毎日10人くらい来てくれるかもしれません。このチラシ作りと配るのに、月10万円かかるとします、これが**宣伝費**★91デース。そうすると、給料は40万円。

給料がどんどん減ってきちゃう。カレーの値段を上げればいいんじゃない?

1杯1000円のカレーを、1200円にしますか。そのためには、もっとカレーをおいしくしなきゃならないデスね。あとは、もっと席の数を増やしたらどうでしょう?

20席にする! あとは、限定の名物メニューを作るとか?

ベリー・グッド。ともかく、売り上げを上げるためには「値段を上げる」か「お客さんを増やす」か、どちらかですね。逆はどうでしょう? マイナスを減らす。売り上げから引かれるお金を「経費」と言いマス。食材を安くして、家賃の安いところに引っ越して、従業員の給料を減らす交渉をしたらどうでしょう? すると、マイナスが減りマース。

プラスが増えて売り上げが大きくなって、マイナスが減って経費が小さくなれば……もうかる! もっともっともうけたい!

いいですね、どんどんいきましょう。お店を増やすのはどう? 思いきって20店のチェーン店にするのデース。

でもさ、そうすると人件費も増えちゃうよね？　だって、お店が増えたらコックさんがたくさんいないとカレーが作れない。

そこが工夫のしどころデス。たとえば、作る場所をひとつだけにします。セントラルキッチンといって、1か所で20店分のすべてのカレーを作って車で運びます。

すぐになくなっちゃいそうだなあ。

大量に作るから大丈夫デース。自分がいる店で40万円の給料をもらいます。残りの19店の店長はカレーを作らない分、30万円の給料でいいでしょう。1店あたり10万円の差額が出るから、これは

解説 6-2

カレー屋さんの「経費」いろいろ

- **水道光熱費**…お店を営業するために必要な水道代やガス代、電気代などの費用のこと。朝から夜まで1日じゅう使うため、小さなお店でも予想以上にお金がかかる。
- **メンテナンス費**…冷蔵庫やエアコン、レジの機械がこわれたり、お皿やグラスが割れたり、お店の中にあるさまざまなものが使えなくなったときに修復したり買い替えたりするための費用。
- **宣伝費**…お店のことを多くの人に知ってもらうために、テレビやネット上にコマーシャルを出したり、チラシを配ったり、雑誌に広告を出したりするための費用。

すべてあなたがもらえますよ。190万円。自分のいる店の給料と合わせて、毎月230万円がもらえますね。

うーわっ！　なんか会社みたいになってきた。

ふふふ、1店だけだったら40万円の給料なのに、20店に増やしたら230万円の給料。あなたが仕事する時間は同じなのに。ビジネスって、不思議デスねー。まあ、じっさいはそう簡単にはいきませんけれども。1軒のカレー店に話をもどしましょう。お店を作るのに、どのくらいのお金が必要だと思いますか？

50万円とか？

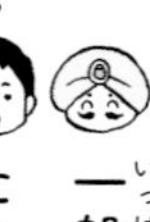
一般的には、300万円とか500万円とされています。

たっか!!!

足りなければ、銀行から借りるのデース。そして、お店がオープンしてから、最初に借りたお金を返していきます。たとえば、毎月10万円ずつ返したとして、4年以上。しかも、ふつうは利息というのを上乗せしなくてはなりません。

リソク？　なに、それ。遠足みたいな？

遠足なら楽しいですが、利息は楽しくないデス。500万円借りたら、貸してくれた銀行に、500万円よりも多く返さなきゃいけないという条件がつきます。利息をつけて550万円だとしましょう、毎月10万円ずつ返したとして、返済に55か月（4年7か月）かかりますね。その間の給料は、30万円になります。

やば、どんどん減ってきた……。

では、プラスを増やすことを考えましょう。★93 **お店以外の場所**でカレーを売ればいい。デパートのイベント（催事）とか、地域のイベント、学校の文化祭で売るのがデース。カレーを出す場所は、お店だけに限りませんよ。

給食もやればいいじゃん！

グッド・アイデア。日本全国すべての小学校の給食カレーを作っ

解説 6-3

カレーのビジネスいろいろ

- **プロデュース**…まだないお店をイチから立ち上げるため、場所を決めたりお店のつくりを設計したりする仕事。レトルトカレーなどの商品を作ることもある。
- **コンサルティング**…いまあるお店から依頼を受けて、メニューを変えたり、料理を教えたり、サービスをよりよくしたり、というお金をかせぐアドバイスを行う仕事。
- **ネット通販**…レトルトカレーやスパイスセットなど、カレーに関するさまざまな商品をインターネットで販売する仕事。
- **料理教室**…生徒を集め、レシピを準備し、おいしいカレーの作り方を教えたり（デモンストレーション型）、生徒といっしょに作ったり（実習型）する仕事。
- **会社を売る**…自分の持っているカレー屋さんやカレーに関する会社の価値を高め、ほしいと思う会社にまるごと売ってお金をかせぐ方法。

たら、ぼろもうけなのデース！

さすがに、ぼくひとりじゃ無理か。

さっき、セントラルキッチンの話をしたでしょ。もしくは、工場にレシピをわたして、セントラルキッチンよりもっとたくさん作ってもらう方法もありマス。これはカレーの★93**プロデュース**ですね。あるいは別のレストランのメニュー開発をしたり、★93**コンサルティング**と言ってカレー店をやりたい人にアドバイスをしても、お金になるのデス。

え？　しゃべるだけでお金がもらえるの？

知識と経験は、大きな財産デース。それをほしい人がいるから、価値が生まれマス。他にももっとありますよ。お店のカレーをレトルトにして、全国で販売する。お店でブレンドしたスパイスに、ひみつのレシピをつけて★93**ネット通販**する。カレーの★93**料理教室**をする。そうやって、カレーそのものを作って出すのとは別の形で、ビジネスをしていくのデース。もしくは、店のことをだれかに任せて、自分はカレーを製造する会

社ではたらけば、サラリーマンとしての給料ももらえますね。ああ、忙しい！　もうかって仕方がなーい！

落ち着いてよ。カレーのお店と関係なくなってきてるし。

そうやってカレーにまつわるいろんなビジネスをしていたら、世の中で注目されるでしょう。ここでだいたんに、★93**お店を大企業に売る**っていうのはどうです？「おたくのお店、味の評判もいいし、全国でチェーン展開できそうだから、1億円で売ってもらえませんか？」なんて話が来るかもしれませんからね。いきなり1億円がゲットできるのデース。

いやー、ぼくはいらないな、1億円。

な、な、なぜ？？？

だって、売っちゃったらまた新しいお店を始めないといけないじゃん。大変だよ。

もうはたらかないで、一生遊んで暮らせばいいではありませんか。

えー。ぼくははたらきたいな。遊んでばっかりじゃつまんない。

な、な、なんとすばらしい！　あなた、今すぐわたしといっしょにカレービジネスをしましょう。

うーん、ぼくは最強カレーの研究でいそがしいから、また今度ね。

07 カレー屋さんの一日を見てみよう

やっと開店できる
夢だった
ぼくの…

ぼや〜

ぼくの…

カレー
ヒロト

じゃん!

ぼくの
カレー屋!!

YES!

何してるんですか店長！
遅刻ですっ
朝6時には来てください
ヒロト
ご、ごめん…
ズダダダダ
ぐつ
ぐつ
ぐつ
間に合わない
まだ～？
ぼく？！
店長おねがいします！
おまたせしました
「最強カレー」です！
なんか思ってたより…
カレー屋さんって…
とっぷり…
なんか…
ライスなくなりましたー！
ヒィヒィ
いそいでー！
もうヤダー！
つらいかも…

SAIKYOU

ガバッ
ゆ、夢!?
ずいぶんうなされておったのう
カレー屋さんってたいへんだ…
急にどうした!?
寝言でわしを召喚しおって…
すばらし〜!!
最強カレー!
ベタァ
ワーッ
カレーだけでなく、カレー屋にきょうみを持ったとは!さすがデース
キング!?
ヒロトがショック死するからやめーい!
それなら、レストランチャローに話を聞きにいきましょー!
ワタシ知り合いなので
そうだね…リアルなカレー屋さんの一日、話を聞いてみたい!
きさまはこりもせず
ガガガ

レストラン チャロー
CHALO
こちらがチャローの店主さんデース
こんにちは…
こんにちは!!
ドン！
やっぱ顔、濃い！
わぁ…
この少年がカレー屋さんにきょうみを持っているのデス
まだ小学生なのに、すばらしいね！
でもすごくやさしそうだ
ホッ…
じゃあ さっそくカレー屋の一日を紹介するよ！
チャロー
ドキドキ
おねがいします！

おしえてあげマース

お店をやるって、大変ですか？

カレー屋さんをやってみたいの？

本当はお医者さんになりたいんだけど、お店屋さんもいいなあと思って。

ということで、店主がどんな一日を過ごしているか、教えてほしいのデス。まず、朝は何時に起きますか？

9時くらいだね。

ええ？　学校行くのより全然おそい。それで間に合うの？

うちはインド人のコックさんたちと、わたしの妻も従業員としてはたらいているからね。彼らは9時に出勤する。コックさんたちはお店に来たら、ランチの仕込みを始める前に、まずはチャイっていうインドの紅茶を作る。お茶を飲んでから仕事を始めるんだ。

うんうん、優雅でいいデスねー。

チャイはランチでもお客さんに出すからね、味見をかねているんだ。そのあとにカレーの準備が始まる。玉ねぎをきざんだり、★108タンドールっていう釜に火を入れて温めたりする。その間に妻が買い出しをしてくる。お店の近くにスーパーが3か所あるから、魚貝類や野菜やその他の材料をそれぞれ買いに行くんだ。

業者さんに運んできてもらうのではないのデスね。

スパイスや肉、米など、量が多いものは配達してもらいますね。

店主さんはいつお店に行くんですか？

10時ごろかな。店についたらチャイを出してくれるから、飲みながら少しゆっくりして、それからそうじを手伝う。カレーの準備が始まると、洗い物がどんどん出てきたりして、バタバタといそがしくなるよ。うちは11時30分開店だから、11時を過ぎるとお客さんが来はじめる。

チャローは人気店ですから、開店前から行列ができているのデース。

へー、すごい。もうかりますね。

ぼちぼちね。お客さんが並びはじめたら、オープン前にオーダーを取ったりもするよ。

学校みたいに朝礼はしないんですか？

ないなぁ。本当はそういうのしたいんだよ。でも、インド人のコックさんがあんまりそういうの好きじゃないからね。

味のチェックはどうしてますか？

それはやる。とはいえ、あんまりブレはないから、塩かげんのチェックくらいかな。

そしてランチが終わったら、「まかない」の時間デスか？

まかないって、何？

レストランなどで、従業員が食べるための料理のことデス。

いいなー、ただでカレーを食べ放題！

ふふふ。まあ、毎日同じだとあきちゃうから、コックさんたちがメニューにはないさっぱりしたスープカレーみたいなものを作ることもあるよ。肉のはぎれとか、野菜のあまったものとか、そういうのとスパイスを適当になべにぶちこんで、煮込んでおいたようなもの。けっこうおいしいよ。食べ終わったら、みんな近くに家があるから、一度帰って昼寝して、またもどってくる。

昼寝の時間！　なんか保育園みたい。

ばかにしてはいけませーん。大人だって眠くなるのデース。レストランの人は、朝から立ちっぱなしではたらいていますから、ランチとディナーの間の時間に、お店でスヤスヤ寝るのはよくあることデス。もどってきたらまたディナーの仕込みをするのデスね。ディナーの営業が終わったら？

次の日の仕込みが始まるよ。

仕込みばっかりだ。

お客さんがたくさん来る人気店になればなるほど、仕込みの仕事は増えるのデース。

何時に帰れるんですか？

早ければ、23時くらいにお店を出られるかな。

このように、レストランの一日の流れはわりとシンプルなのデース。

毎日くりかえしていたら、あきちゃったり、やる気が出なかったりしないんですか？

大きな声じゃ言えないけど、そりゃあるよ。でも、たまに海外に研修旅行をする時間を作ったりしているから、そういうのを目標にみんなでがんばってるんだ。

お店が休みの日に、仕事はないんですか？

いや、わたしだけは来ることがある。ひとりで来てメニュー開発をしたり、シーズンごとの特別メニューを考えたり。それから事務作業もあるからね。

ビジネスに関わること、いわゆる社長業デスね。

そうだね。お金の計算と、伝票というレシートみたいなものの整理や入力とか。

つまり、算数を勉強しないといけないのデース。

ぼく、算数はとくい。算数ができれば、料理できなくてもお店はできるってこと？

コックさんをやとえばできるけど、どうだろう。オーナーのわたしがちゃんと料理できないと、お店で出す料理のコントロールができないよね。だから、やっぱり料理は勉強したほうがいいかな。

そうかー、料理と算数ね。料理の勉強はどこでできるんですか？

わたしは、うちを継ぐ前に、別のカレー専門店で修業したよ。それからインドを3か月くらい旅した。現地でレストランのキッチンに入れてもらったりして、スパイスやカレーのことを勉強したんだ。

インドのレストランでは、お願いするとキッチンを見せてくれることが多いデスね。

インドのキッチンって、変わった道具がいっぱいありそう。

いや、案外、★108**カレーを作る道具**は日本と同じようなものを使っているよ。

まな板、包丁、なべ？

じゃあここで問題です。カレー作りには、どんななべがいいでしょう？

えっと、底が深くて、たてに長いかたち？

うん、お店だと大量に作るから、たくさん作れる深いなべが必要になるね。でも、実は作るカレーによってちがうんだ。フライパンみたいな平べったいのがいいときもあるし、圧力なべのようなものがいいときもあるよ。

ひと言でなべといっても、★108**サイズや材質によってとくちょうがさまざま**なのデース。他には、どんな道具があるでしょう？

ちょっと待ってね。あれだ、丸いのがついてるやつ……。

それはレードル。おたまともいうね。できあがったカレーをすくって、盛りつけるときに使うよね。

あと平べったい、混ぜる専用のやつ。

木べらだね。木べらはすごく大事だよ。あれがないと、玉ねぎをいためたり、なべの中をかき混ぜたりできないもんね。さいばしでやる方法もあるけど。あとは、材料を入れるときに、重さや量を測ったりはしない？

あ、たしかに。でもぼくはいちいち測らないな。だいたいの感じで入れちゃう。

まあ、家だとそうだよね。お店は毎日同じ味を作らなきゃいけないから、スケールという計測器で、分量を必ず計量するんだ。きみも、レシピを見ながら作ろうとしたら「水　1カップ」とか「水　250ミリリットル」とか書いてあるから、そういうときは測りたくなるかもよ。

スパイスを小さじ1とか？

そう、その場合は、計量カップや計量スプーンを使うね。スパイスの話が出たけれど、スパイスを使うときには他に何を使うでしょう？　ヒントは、粉になっていないスパイスのときどうするか。

なんだろう……ゴリゴリやるってこと?

そう、石うすを使って、ゴリゴリやることもあるんだよ。★109**スパイスを粉にする機械**は、実は他にもたくさんあるんだ。

おもしろいことに、機械によって、粉にする方法がちがうのデース。マニアックな話ですから、知りたければまた教えマース。

あと、カレーにはごはんがいるじゃん。炊飯器は?

林間学校でごはんをたくなら、炭火と、はんごうを使うでしょう。あれはなかなか、火かげんが大変なのデース。

カレーのごはんは少しかためにたいたほうがいいっていう人もいるけれど、チャローでは「ふつうに食べておいしい」たき方をしているよ。まあ、好みによるかな。

あとはお皿とスプーンもいるよね。

カレーとライスを、別々に盛りつける場合もあるよ。

あ、ホテルで食べたことあるかも!

うんうん。ホテルやちょっと高級なレストランに行くと、ライスだけが平たいお皿に盛られていて、カレーは、魔法のランプみたいな形をした器に入っていることが多いんだ。

さらに高級なものは、ふたがついていたりもする。ああいう器は一般的に「ソースポット」と呼ばれるけれど、「グレービーボート」と呼ぶのが正式だという説もあるよ。グレービーっていうのは、ソースと同じような意味。ボートはポットに近い意味だね。

ボートってかっこいいから好きだなあ。あれ？ もしかしてマスターやキングがいつも出てくるアレって……？

やっと気がつきましたか！ そう、これはグレービーボートなのデース。さて、これでカレー屋さんをやるイメージはわきましたか？

うん、できそうな気がしてきた。でも、カレー屋さんって、やりたいと思ったらだれでもできるの？

そうだね。でも、お店を開くときには、「食品衛生責任者」と「防火管理者」っていう資格が必要になる。研修を受けに行って勉強して、お金を払えば取得できるんだ。

うー、また勉強かあ。

カレーの道は、簡単ではないのデース。しかし、いかなるビジネスも、まずは「やる」と決めることから始まるもの。では、わたしは次のビジネスがありますから、これにていったん失礼しマース！ ヒロト少年、また世界のどこかで必ず会いましょうね！

解説7

カレーの道具いろいろ

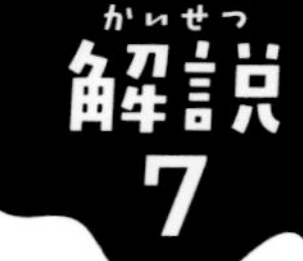

タンドール

タンドールとは……

主にインドで料理に使われる、つぼ型のオーブン。
つぼの中に炭火を入れて温める仕組みで、つぼの中の温度は200℃～400℃ほどになります。ナンなどのパンは、つぼの内側のかべに貼りつけて焼きます。シーク（くし）に味つけした肉をさして、つぼに入れてふたをして焼いたりも。

なべ いろいろ

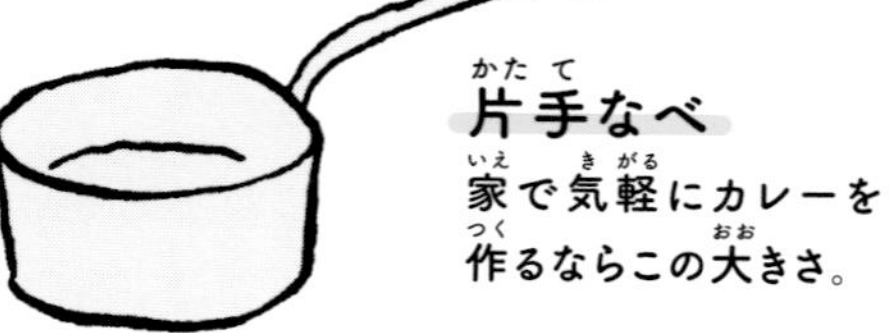

片手なべ
家で気軽にカレーを作るならこの大きさ。

フライパン
玉ねぎをいためたりするのに便利。

ずんどうなべ
大量にカレーを作るときに役立つ。

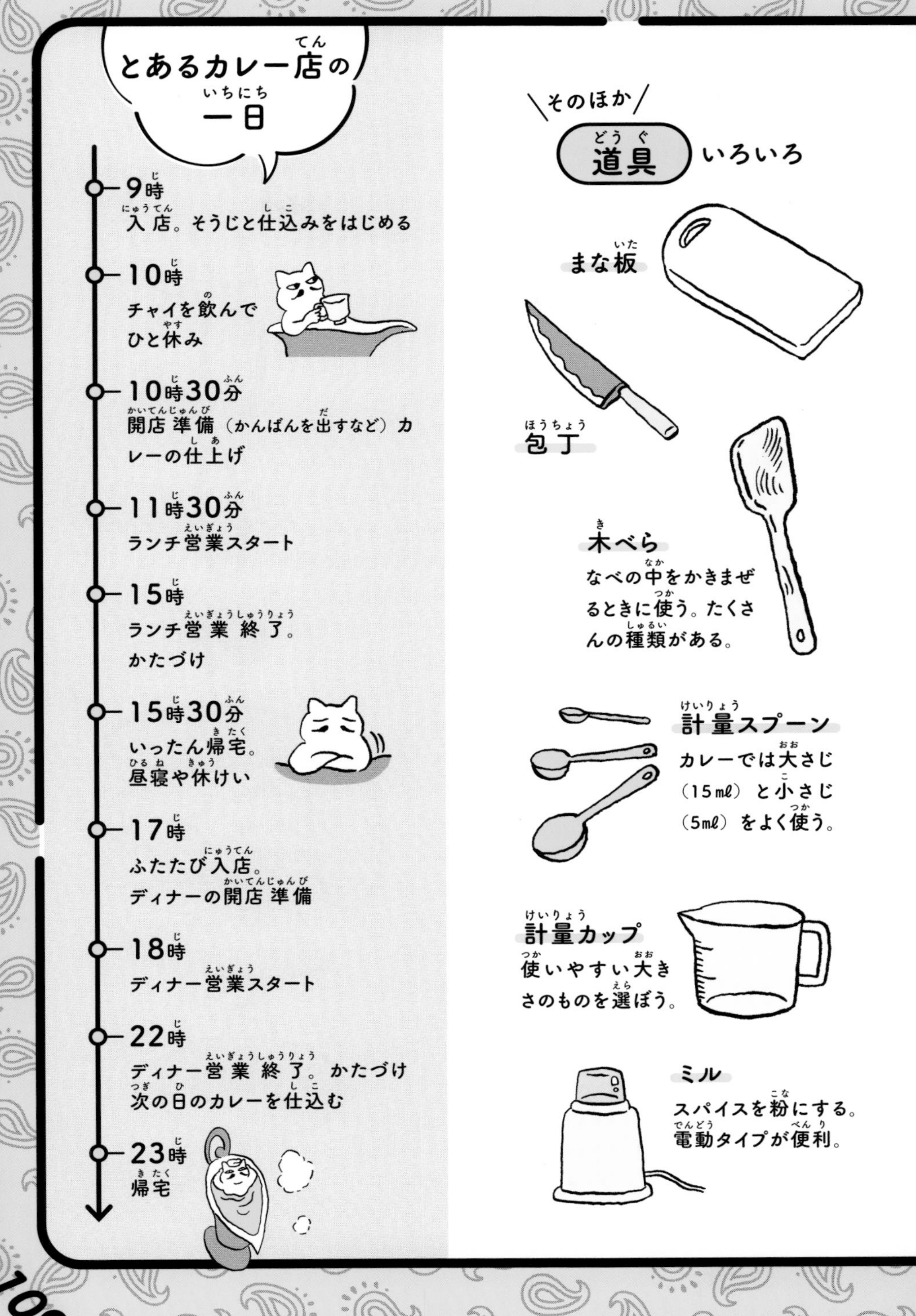

とあるカレー店の一日

9時
入店。そうじと仕込みをはじめる

10時
チャイを飲んでひと休み

10時30分
開店準備（かんばんを出すなど）カレーの仕上げ

11時30分
ランチ営業スタート

15時
ランチ営業終了。かたづけ

15時30分
いったん帰宅。昼寝や休けい

17時
ふたたび入店。ディナーの開店準備

18時
ディナー営業スタート

22時
ディナー営業終了。かたづけ次の日のカレーを仕込む

23時
帰宅

そのほか 道具いろいろ

まな板

包丁

木べら
なべの中をかきまぜるときに使う。たくさんの種類がある。

計量スプーン
カレーでは大さじ（15㎖）と小さじ（5㎖）をよく使う。

計量カップ
使いやすい大きさのものを選ぼう。

ミル
スパイスを粉にする。電動タイプが便利。

6月末　休み時間

キーンコーンカーン
コーン

授業を終わります

ワイ　ガヤ　ガヤ　ワイ

ヒロト！「最強カレー」って今どうなってんの？

ひょい

順調すぎてこわいくらいだぜ

ひかえ目に言って、もう目と鼻の先ってやつかな…

すごーい!!!

マサくんちのチャローってそんなに昔からあるお店なんだね～！
すごすぎ～♡
昔からカレー屋さんだったの～？
最初は洋食屋だったらしいけど、おばあちゃんがインド人と結婚して、カレー専門店にしたみたい
イ、インド人
カレーといえばインド！！
え～！おじいちゃんがインド人なの？すごい歴史～
お店、すごく昔からやってるんだね！
昔って言っても、大正時代だから
パオ～
いや昔じゃん…

そのころマスターは
チャポン…
カルダモン
クローブ
陳皮
最近ヒロトのやつ
「マスター教えて～!!」って
やってこないのう
おかげでチャイ風呂にも
入りほうだいじゃが…
ちと、さみしいのう
ゴシゴシ
ゴシゴシ
「最強カレー」!
ざっ
前言撤回
じゃーっ!!!

うっうっうっ
ってヒロト…もしや泣いておるのか?
ぼっ、ぼくには歴史が足りないっ…!
……?
小学生のおぬしに歴史があるわけなかろう
そうだけど!
マサにはあるんだよ~!
しょぼ…
まーた「マサ」か
では、カレーそのものの歴史を学んでみるか?
そんなの知ってるの!? 早く教えて!
面白そう!
ゲンキンなやつじゃ
教えてもいいが、教室でワシを召喚するのは今回かぎりじゃぞ! バレたら大事じゃ
カレー…マスター…
~…~

ねえ、カレーって、どこで生まれたの？

カレーはワシが生み出した。……と言いたいところじゃが、うそをつくわけにはいかんな。カレーが生まれた場所はインドじゃ。でも、カレーという料理を生み出したのは、インド人のようでじつはインド人ではない。

はあ!?　インドで生まれたのに、インド人が作ってないの？　わけわかんない。

簡単には説明できないんじゃ。ちょっと長くなるから、かくごして聞いてくれ。その昔、インド人のだれかがカレーのような料理を作って食べはじめた。でも、そのインド人がいきなり「これがカレー」という料理をポンと生み出したわけではないんじゃ。野菜や豆や肉を、スパイスといっしょに調理した料理は、インドで何千年も前から食べられていた。長い間、みんなが食べていたものが、だんだんとカレーのような料理になっていったのじゃ。「この日に生まれました！」というカレーの誕生記念日はないし、「この人がカレー発明の父です！」という人の銅像が立っているわけでもない。

でもさ、インド人がみんなで作ったり食べたりしているうちに、できあがったわけでしょ？　それならインド人が生み出した、でいいんじゃないの？

そこがむずかしいところでな……そもそも、インドに「カレー」はなかったんじゃ。

え？　インドで生まれたって言ったじゃん。

たしかに、インドでカレーのような料理は作られた。でもインド人たちはそれを「カレー」とは呼んでおらん。その料理をカレーと名づけたのは、ヨーロッパの人たちなんじゃ。

あ、そうか。ちがう言葉だったってこと？

ほう、なかなかするどいな。まさに言葉のちがいが「カレー」を生み出すことになる。これを説明するためには、★122**大航海時代**にさかのぼらねばならん。インドやその周辺の国々、東南アジアなどで栽ばいされるスパイスがとても貴重だった時代がある。特に南インドの質がいいブラックペッパーは、ヨーロッパの人たちの間で大人気じゃった。

ブラックペッパーってこしょうだよね。あの辛いやつでしょ？　ヨーロッパの人たちはみんな辛いのが好きなの？

求めていたのは辛味もあるが、主に香りと、ピリリとしたしげきなんじゃろうな。それまで彼らが体験したことのないものだったんじゃ。それに、彼らがよく食べる肉のくさみを消して、おいしくしてくれる効果もあった。魔法の薬のように感じたのかも

しれん。とにかく、「ペッパーがほしい！」と各国の冒険家が旅に出た。あれ？ 冒険家の話は前にしたような……。

聞いたよ。コロンブスでしょ。

そう、すばらしい。よく覚えておったな。ワシはなんでもすぐ忘れてしまう。その冒険家が船に乗り、海をわたってインドのスパイスを求めた時代を、大航海時代というのじゃ。

なんか、かっこいいね。大航海！

それから、ヨーロッパの人びとがスパイスを求めてインドへ来るようになった。これが★122**国どうしの争いに発展**するんじゃ。なにしろ、ペッパーが金とこうかんされるくらい貴重だったわけじゃから、仕方ないとも言える。

金とこうかん？ お金じゃなくて？

カネではない。ゴールドじゃ。ヨーロッパの人たちにとっては、ペッパーが宝石のようにキラキラして見えていたんじゃろうな。

いいなぁ。こしょうを持って、その時代に行けたら大金持ちになれそう。

ワシもその時代に行きたいわ。ともかく、こうしてインド大陸にヨーロッパの人びとが降り立った。ポルトガル人が最初だったという説があるが、くわしくはわからん。ス

ペイン人もフランス人もイギリス人もインドへ行った。そこで、彼らはインド人が変わったものを食べているのを目にする。

それがカレーか！

いや、その時点ではまだ「カレー」という料理は存在していない。ヨーロッパ人がたずねたんじゃ。「きみたちが食べているそれは何？」するとインド人はこう答えた。「カリ（KARI）だよ」

カリ？　カレーじゃないの？

カリっていうのは、南インドのタミル語で「料理された具」のことを表す言葉じゃった。そこで、ちょっとしたかんちがいが起きた。インド人からしてみれば、「それ何？」と聞かれたから「具だよ」と答えたにすぎん。ところがヨーロッパの人は、「そうか、インド人は『カリ（KARI）』っていうものを食べているんだな」と、かんちがいしたんじゃ。

インド人が食べているのは、全部カリだって思いこんだの？

そういうことじゃ。インドでは、料理に使った具をそのまま料理の名前にすることが多い。たとえば、キーマカレーってあるじゃろう。「キーマ」とは、インドの言葉で「ひき肉」のことを言う。でもインドでは、キーマカレーとは言わん。キーママタールと言う。マタールは、グリーンピースのことじゃ。

へー。給食のカレーにも、グリーンピースが入っていること、あるよ。

インド人からすれば、「キーマ」も「マタール」も「具（カリ）」の名前を並べたにすぎん。それが転じて、「カリー（CURRY）」という言葉になった。まあ、カレーという言葉の由来にはいろんな説があるが、これが一番有力じゃ。つまり、カレーのような料理を作ったのはインド人じゃが、それをカレーと名づけたのはヨーロッパ人だというわけじゃ。こうして、カレーは生まれたのじゃ！

でもさ、マスター、さっき「カリー」って言ったじゃん。日本では「カレー」って言うよね。なんで「リ」と「レ」があるの？

うむ。それを説明するためには、ヨーロッパから日本にカレーが伝わったときのことを話さねばならんな。いそがしいのう……なんじゃ、少し会わないうちに一段とやる気になったのではないか。

いいから早く教えてよ。日本のカレーは、インドから来たんじゃないの？　ヨーロッパからなの？　ヨーロッパにもカレーがあったの？　あ、カレーじゃなくて、カリーなの？

まあ、落ち着きなさい。インドのカレーを食べたことはあるかね？

ないけど、テレビで見たことはある。とり肉がゴロゴロしてて、辛そうだった。

そのカレーと、日本のカレーは何がちがった？

日本のカレーは、肉とにんじん、じゃがいも、玉ねぎとかが全部混ざってる。見た目が全然ちがう。

うむ、味もまるでちがうんじゃ。なぜか。それは、日本のカレーは、インドから来る前に、一度イギリスにわたっているからじゃ。大航海時代の後、ヨーロッパ各国は、インドをめぐって戦争を起こした。最終的に勝利したのはイギリスじゃった。イギリスがインド全土を支配して、インドの料理をイギリスに持ち帰ったのじゃ。その後、イ

イギリスでカレーなる大変身！
…なのじゃ

ンドのカレーはイギリスで変身したのじゃ。

変身？　カリーが、カレーになったの？

いや、イギリスでは「カリー（CURRY）」のままじゃ。ただ、味が変わった。イギリスには、もともとシチューという料理があったから、カリーにも小麦粉を入れて、とろみをつけたんじゃ。より簡単に作るために、イギリス人はカレー粉も発明した。それが明治時代の日本にやってきた。そのころの日本は「文明開化」と言って、ヨーロッパのさまざまな文化を参考にしておった。そんな時代に、洋食メニューのひとつとして、イギリスから日本にカレーが入ってきたんじゃ。

やっと日本に来たー。

そんな日本で、初めて辞書にカレーのことを書いたのはだれだと思う？　答えは、福沢諭吉じゃ。そのころはまだ「カレー」ではなくて、「コルリ」って書いてある。

こるりぃ？　またちがうのが出てきたよ……。

「CURRY」っていうのは英語じゃが、これを発音してみると「か」と「コ」の間、「ク」ぐらいの感じと、「れ」よりも「り」に近い感じで発音する。「クリー」って感じ。「カレー」よりも「コルリ」のほうが近いわけじゃ。耳に聞こえたままカタカナにしたら、「コルリ」になったんじゃろうな。

たしかに。でも、なんで明治時代にコルリだったのが、今はカレーになってるの？

それは……わからん。自分で調べてくれ。

えーっ、また!? カリがカリーになって、コルリになって、カレーになって……。

整理するとな、カリがカリーとしてインドからイギリスにわたり、それから日本へやってきた。長い旅をする中で、カリーは、カレーになった。味も香りも少しずつ変わってきて、今にいたるということじゃ。

サルが人間になったみたいに？

ダーウィンの進化論か？ それを進化ととらえるか、変化ととらえるかは人によってちがう。ただひとつ言えることは、言葉も料理も「生きている」ということ。生きているかぎり、変わり続けるのじゃ。

ぼくは進化っていうより、変身が好きだなぁ。最強カレーにへんしーん！

スパイスとカレーの歴史

かつてスパイスは、「陸のシルクロード」という陸路の貿易ルートで運ばれていました（東南アジアから中国を通って中央アジアへ）。その後、新たに「海のシルクロード」という、海を通るルートが開たくされました。こうしてスパイスは、中国から東南アジア、インド洋を経て、インドの南側を周り、北上してアラビア半島にいたり、アフリカ大陸の付け根の港からヨーロッパ諸国へと運ばれるようになります。

1298年

マルコ・ポーロの『東方見聞録』出版。東南アジア諸国のスパイスについて記されていた。

1492年

コロンブスがアメリカ大陸に到達。

1498年

ヴァスコ・ダ・ガマがインド航路を発見。スパイスの直輸入に成功。

1519年

マゼラン一行が世界一周航海を達成。17世紀にかけての大航海時代には、スパイスや貿易をめぐってスペイン、ポルトガル、オランダが対立した。

1602年

オランダで東インド会社が設立され、スパイス貿易を独占（ひとりじめ）。

1760年前後

イギリスがインドを制圧。インドからイギリスにカレーが伝わる。

1868年

日本が開国し、江戸から明治時代になる。近代化が始まり、イギリスから日本にカレーが伝わる。

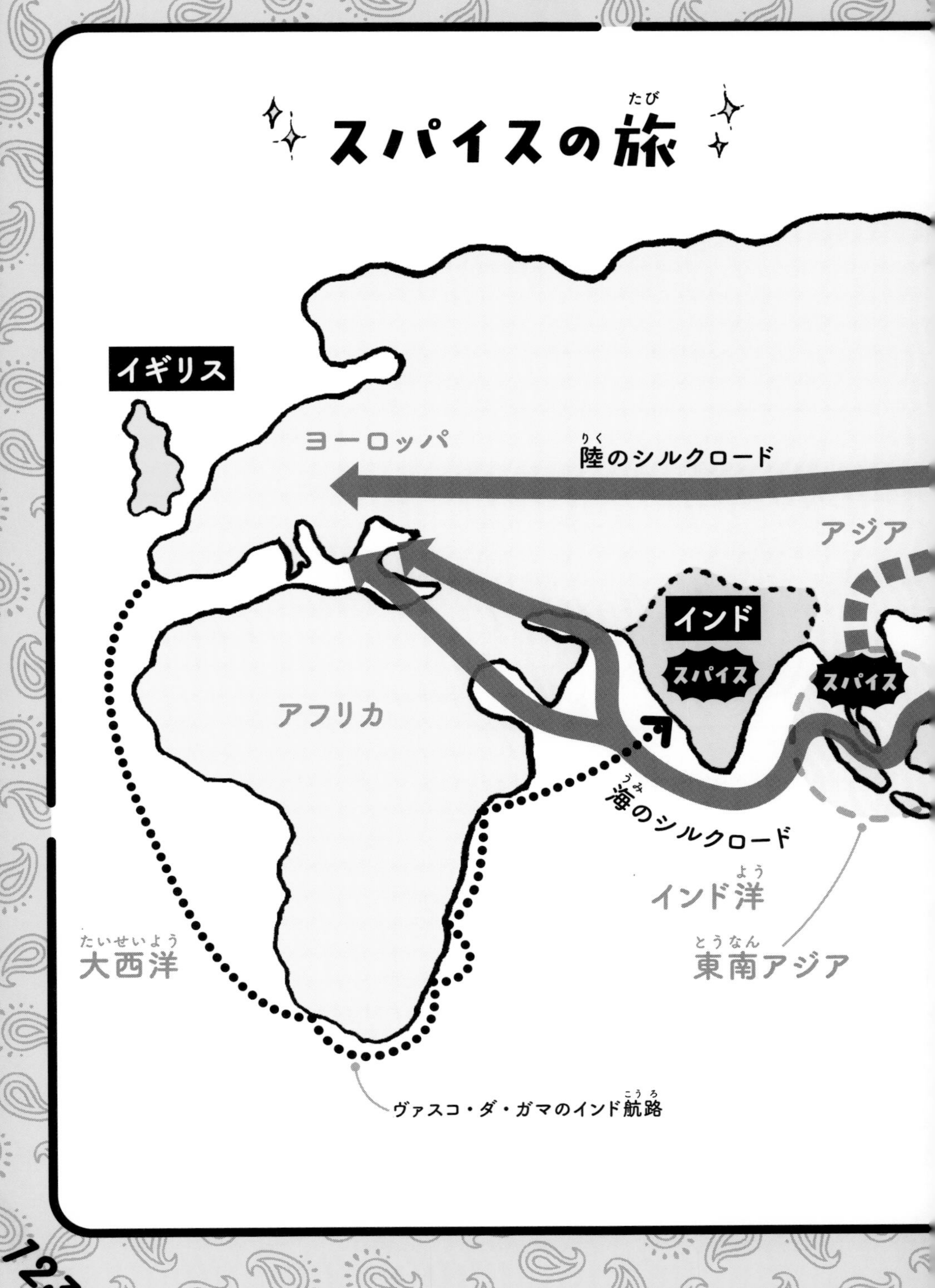
スパイスの旅
イギリス
ヨーロッパ
陸のシルクロード
アジア
インド
スパイス
スパイス
アフリカ
海のシルクロード
インド洋
大西洋
東南アジア
ヴァスコ・ダ・ガマのインド航路

09 カレーの発明

キーンコーン
カーンコーン
よしッ
今日も帰って
カレーの研究だッ！

ヒロトくん…
ヌッ
ヒッ！

話があるので…
放課後、残ってください…

ジーーーーン……

なになになに!?
この状況

…きのう、ここで見てしまったの
…あなたがカレーポットをこすっているところ

ヤバーッ

あの…

な、なんて
言いわけしよう…

実は…

そのポット、
もともとは
わたしのものなの

え?

こ、これが!?

バッ

ええ

「最強カレー」
ゴシゴシゴシゴシ
ボフッ
おや…？おぬしはあの時の…
え、だれ？
わたしです
えっ
20年前――
私はカレー好きの小学生だった
なんか出た
ぐうぜん家庭科室で見つけたカレーポット…マスターからカレーについて学びまくる日々
このスパイスさわやかで好き！
Curry

でもある日、先生に見つかって取りあげられて学校のどこかにしまいこまれてしまって――
マスターごめんね～！
わ～～ん
そういうわけじゃったか…
よかったねマスター！
捨てられたんじゃなくて！
……
おぬしだけの工夫や発明を追求するのじゃ
わかった！マスター
ヒロトくん…最強カレーを作るなら、ヒロトくんだけの工夫や発明が必要なんじゃないかな
それには…カレー界の発明家たちの話が、参考になるんじゃない？
それいいね！ありがとう先生！
調べてみる!!
おぬし、さっきの言葉は
マスターわたし…
教師になってよかった…
ホロリ
おぬしもあれからがんばったんじゃのう
チャイで乾杯じゃ！

カレーっていう料理を発明したのがインド人で、カレーって名づけたのはヨーロッパ人だって、きのう言ってたよね。やっぱり発明したインド人がえらいってこと？

いや、そうとも言えん。世界中にカレーの香りを運ぶことになる、すばらしい発明がある。インドにはもともとなかったもので……。

あ、カレー粉だね。

うっ、なぜワシより先に言うんじゃ。

知ってるよ。きのう、イギリス人が発明したってマスターが話してたんじゃん。でもさ、インド人はスパイスを使うんでしょう？　スパイスを混ぜたのがカレー粉なんじゃないの？

その通り。インド人は、個別のスパイスを料理ごとに選んで使う。それを、あらかじめ混ぜた状態にしておくというのがすごい発明なんじゃ。ここで問題。カレー粉を発明したのはだれだと思うかね？

レオナルド・ダ・ヴィンチ。

ダ・ヴィンチは発明家ね。画家、哲学者、数学者でもある天才と言われているけど……。

ダ・ヴィンチではない。ちなみにワシでもない。イギリスが、インドを支配した時期があるっていう話はしたな。そのときにインドの食文化がイギリスに持ちこまれた。インドに行ったことがないイギリス人も、インドのカレーのおいしさを知ったのじゃ。するとイギリス人たちは、「これを自分たちでもっと簡単に作りたい」と考えた。そこで、クロスとブラックウェルという二人組がカレー粉を発明したんじゃ。

二人組のチームなんだ。研究者?

商人かな。二人はC&B社っていう会社を作って、カレー粉を商品として発売した。

じゃ、二人は社長なの?

そういうことになるな。彼らが世界で初めてカレー粉を売り出した。これで多くのイギリス人が、簡単にカレーを作れるようになった。明治時代にカレーが日本にやってきたとき、C&Bのカレー粉もいっしょにやってきたんじゃ。

カレー粉を、イギリスだけじゃなくて日本にも売って、お金をもうけたんだね。

そうじゃ。当時は値段がずいぶん高かったらしい。だから、日本人は「自分たちでカレー粉を作れないか」と考えた。ただ問題は、C&B社はカレー粉の作り方をひみつにしていたのじゃ。

企業ひみつってやつか。ずるいね。

そりゃそうじゃ。せっかくの発明品なのに、配合がばれてしまったら、自分たちの商品が売れなくなってしまうじゃろう。当時、カレーを商売にしていた日本人はなんとかひみつを解き明かそうとしてがんばった。でも、だれにもわからなかった。

そんなの、成分を分析してパクればいいじゃん。あ、でもそのころは分析する機械とかないのか。

うむ。ところが、カレー粉をオリジナルで作ることに成功した日本人が現れた。山崎峯次郎という人物じゃ。彼は自分の会社の倉庫にいろんなスパイスをたくさん買いこんできて、混ぜては香りをかいで……というのを、何度も何度もくり返した。

当時、スパイスはお薬屋さんから仕入れていたそうよ。

山崎さんは、何か月もかけて無数の配合を試した。でも、やってもやってもカレー粉にはならない。あきらめかけたそのとき、ふと、昔混ぜたまま放置していたスパイスを見つけて、かいでみた。するとあら不思議、カレーの香りになっておった！　急いでそのときの配合のメモを引っぱり出してきて、カレー粉を作ることに成功したんじゃ。

なんでそんな昔のやつが、カレーの香りに変身してたの？

おそらく、熟成期間を経て香りが変化したんじゃないかのう。こうして山崎さんの会

社は、赤い缶に入ったカレー粉を販売しはじめた。それからもう100年近く、このカレー粉は、日本で「赤缶」と呼ばれて親しまれているのじゃ。今でも、いろんなレストランが、この赤缶でカレーを作っておる。赤缶は、最も長くたくさん売れているカレー粉なんじゃ。

山崎さんって人も、カレーの発明家なんだね。

当時は、他にもいくつかの会社がカレー粉の開発に成功しておる。さらに、カレー粉を元にして日本人が発明したすごいものがある。ずばり、カレールウじゃ。カレールウを発明した人もひとりじゃない。いろんな会社が、カレー粉を使ってもっと簡単にカレーを作るアイテムができないか、と研究をくり返した。その結果、時間をかけて少しずつ今のカレールウの形になっていったのじゃ。

カレールウって、他の国にはないの？

インドにもイギリスにも、他の国にもない。日本独自の商品じゃ。★136 **カレールウは、日本**

で生まれた最も偉大なカレー発明品と言っていいじゃろう。日本中のだれもが、簡単においしいカレーを作れるようになった。カレーが日本中にこれだけ広まったのは、カレールウのおかげと言っていい。

日本人は、他にも新しいカレーをたくさん発明しているのよ。

あ、レトルトカレーでしょ！　腐らないやつ。

正解。レトルトカレーも、日本人のすごい発明品じゃ。「ボンカレー」というのが、世界初のレトルトカレーだと言われておる。

ボンって何？　レトルトカレーのレトルトは、どういう意味なの？

ぐいぐい来るのう。ボンカレーはたしか、フランス語の「おいしい」っていう意味の言葉から名づけられたはずじゃ。レトルトは保存方法の名前じゃ。もともとは、★80**軍隊で使われていた方法**なんじゃよ。

戦争に行くと、みんなカレーを食べるの？

いや、そういうわけじゃない。最初にレトルトを開発したのはアメリカ軍らしい。戦地へ食糧を運ぶのに缶詰を使っていたんじゃが、重たい。軽くて持ち運びしやすいように、ビニールのパックを開発して使っていた。それをヒントにした日本人が、同じような方法でカレーを入れて商品化した。日本人は何かを参考に、さらに工夫して新しいものを生み出すのが得意なんじゃな。カレーの世界でも、その才能を発揮しておる。

カレーうどんとかね。

そう。カレーうどんは東京の中目黒にある「朝松庵」というお店が始めたのが最初と言われておる。うどんじゃなくて、そばもある。カレーそばは、カレーなんばんとも呼ばれていて、同じく東京・早稲田の「三朝庵」というおそば屋さんが始めたそうじゃ。カレーパンも日本の発明品じゃ。東京・深川の「名花堂（現・カトレア）」っていうパン屋さん。ここの2代目店主だった中田豊治さんという人が、カレーをパンでつつんで、油であげた。

日本人、カレーを発明しまくってるじゃん。

もっとある。たとえば、カップめんのカレー味。あれは、日清という会社が1971年にカップヌードルを発売して、その2年後の1973年にカレー味を発売したんじゃ。

カレー味、おいしいのよね。先生もお昼ごはんに食べたりしてる。

カレーもラーメンも日本の国民食と言われるくらい、人気があるな。そのトップ2つをいっしょにしたんじゃ。すごい発明じゃよ。

ふーん。ぼくは、カツカレーが好きだな。

おお、カツカレーも日本の発明じゃよ。プロ野球選手が発明したと言われておる。

野球選手は運動するために、ごはんをたくさん食べたいから？

それに近いかもしれん。その昔、読売ジャイアンツに千葉茂という選手がいた。千葉選手が銀座の「スイス」という洋食屋さんで注文したのが最初らしい。

じゃ、その洋食屋さんが発明したんじゃないの？

ちがうんじゃ。カツレツとカレーライスというメニューが別々にあったんじゃが、「ひとつのお皿にいっしょに盛りつけてほしい」と千葉選手がたのんだと言われている。

よくばりだねー。

別々にたのんでいっしょに食べるんじゃなくて、いっしょに盛りつけた。それだけのことじゃが、新しいカレーのスタイルが発明された。トッピングというスタイルじゃな。これも日本のカレーならではと言える。カレーに何かをのっけると、新しいカレーになる。チーズカレー、からあげカレー、卵カレー、納豆カレー……。

なあんだ、それならぼくにも発明できそうだな。何かとカレーを合体させればいいんでしょ？

まあそうだが、残念ながら、もうたいていの食べ物はカレーと合体してしまっているぞ。

ヒロト君やクラスのみんなが好きな食べ物は、たいていカレーと合体したことがあるんじゃないかな。

そうじゃな。カレースパゲティ、カレーハンバーグ、カレーぎょうざ、カレーオムライス。★137 **スープカレー**なんていうのもあるぞ。

なんでもカレーにしちゃうんだね、日本人は！

日本で生まれたカレー

カレールウの作り方

① スタート!

材料を準備する

スパイス、調味料、小麦粉、油などをそれぞれタンクに入れる。

② **小麦粉をいためる**

小麦粉と油を釜に入れ、香ばしくいためる。

③ **まぜる**

いためた②と他の材料を、大きなタンクの中でまぜる。

④ **トレーに入れる**

あたたかくやわらかいルウをトレーに流し入れる。

⑤ **冷やして固める**

大きな冷蔵庫で冷やし固める。

⑥ **ほうそうする**

ふたを貼る、箱に入れるなどしてパッケージング。

※参考：S&B　カレールウができるまで　https://www.sbcurry.com/factory/roux/

ほかにもいろいろ

日本生まれのカレー

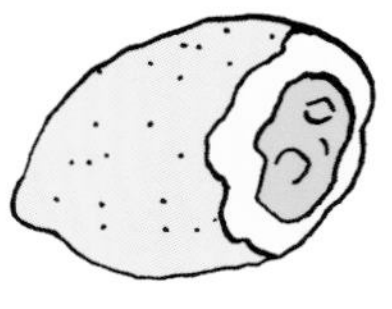

カレーパン

パン生地でカレーを
つつんで油であげた

カツカレー

カレーにとんかつを
トッピング

カレーうどん

うどんのだしに
カレー粉をまぜる

スープカレー

北海道の札幌で生まれた
さらりとしてスパイシーなカレー
大きな具がとくちょう

カレーヌードル

ラーメンのスープ
にカレーの香り

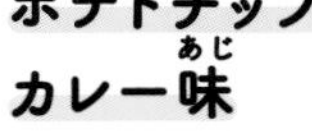

ポテトチップス カレー味

塩味のチップスに
カレー粉をまぶす

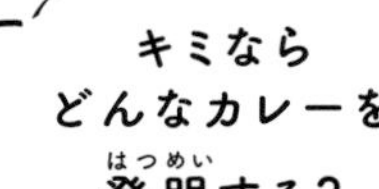

7月

ミーンミンミン

…というわけで

カレーパンは
「カトレア」って
お店が最初に作ったんだ

へえ〜

ヒロト
くわしい〜

よく調べてるなあ!

まあ
マスターから
きのう教わったん
だけどね
フッ
あ、「カトレア」の
中田豊治さん、
おじいちゃんの
友達だよ
家に写真あった
マサんち
すごーい!!
どんだけだよ〜!
ことごとく
先を行かれてる…
もう
マサに勝てる
気がしない
——ちがう
最初はカレーで
マサに勝ちた
かったけど、
今はちがう
マスターにカレーを
教えてもらって
ほんとに楽しかったんだ
マサ
だから 勝ち負けはもうどうでもいいや
よかったら、
カレーのこと
教えてくれない?
マサ、超くわしくて
うらやましかったんだ!

いや、ヒロトのほうがくわしいし…
イ、
イヤミかよ～っ
いやホントに！
ぼくは家がカレー屋だから、小さいころからカレーざんまい。昔はスパイスっておもしろいとか思ってたけど、最近そんなに気にしなくなってた。
でもヒロトはこの3か月、自分の力でカレーにここまでくわしくなったでしょ。カレーの歴史まで…！
カレーのあゆみ
正直、ヒロトがうらやましかった
じ～ん
マサ…
ぼくを認めてくれてたんだ
でも、ヒロトのおかげで思い出せたんだ…カレーって楽しいよね！
いっしょにもっとカレーの道を極めようよ！
うっ

じ、実はぼくひとりの力じゃなくて
ある人に教えてもらったんだ
カレーの楽しさも、
知識も！
そうだったんだ！
その人すごいな
会ってみたい！
フッ
いいよ、会う？
夕方　ヒロトの家
せーのっ
「最強カレー」!!
ボワ
マスター！
世界にはどんなカレーが
あるのか教えて！
お、おう
まかしとけい！
この二人
いつのまに
仲良く
なったんじゃ？？

どうじゃ、インドカレーは食べてみたか？

バターチキンカレーとキーマカレー、ナンっていうパンみたいなのにつけて、このまえ食べたよ。おいしかったなぁ。

うむ。どちらも世界的に人気があるメニューじゃ。インドのカレーについては、マサ君もそれなりに知っていることじゃろう。

うん。知ってるよ。うちのメニューの中では、マトンコルマっていうカレーが好きだな。ヤギ肉とか羊肉とかのやつ。野菜だったらカリフラワーとじゃがいもで作るアルゴビとか、チーズとほうれん草のサグパニールもおいしいと思う。

すごっ。なんかじゅもんみたい。

いろんなカレーが出たが、いずれにせよ、インド料理は、おそらく世界で一番、いろんな種類のスパイスをたくさん使う。だから、インドのカレーはとにかく香りが強いのがとくちょうじゃ。ところで、インド人がそれらの料理を自ら「カレー」と呼んでいるわけではないことは、前にも話したな。さまざまなインド料理がある中で、ワシらをふくめた外国人が見て食べたときに「お、これはカレーだぞ」と思ったら、勝手にカレーと呼んでいるんじゃ。

外国人？　マスターってインド人じゃなかったんだ……。

ん？　ワシがどこからやって来たのかはひみつじゃが、ワシはインド人ではないぞ。いいツッコミをしてくれたから、ついでに質問しよう。インドはどこにある？　どんな国じゃ？　それがわからないと、インドのカレーについては理解できん。

インドの場所は知っているよ。行ったことはないけれど。

よろしい。では、インドのカレーとネパールのカレーはどこがちがう？　スリランカやバングラデシュやパキスタンは？

全然わかんない。インドの近くにある国だってことは、なんとなく知ってるけど。

そりゃそうじゃろう。インドという国は、もともとたくさんの「藩王国」ってものが集まってできたんじゃ。「藩」というのは、今の日本でいうと「県」みたいなものじゃな。すなわち、インドという国ができる前、隣の国との境界線（国境）ができる前から、あのあたりの人びとは似たようなものを食べてきた。

そうなの？

そうじゃ。だからインドの周り、スリランカ、パキスタン、ネパール、バングラデシ

ュあたりにはみんなカレーがある。

どんなちがいがあるんですか？

たとえば、スリランカのカレーは、カレー粉をちょっとこがしたスモーキーな香りがする。ガンジス川の下流にあるバングラデシュでは、川魚のカレーが有名じゃ。ネパールのカレーはシンプル。スパイスの種類も量も少なくて、豆を煮た料理とごはんといっしょに食べる。西側のパキスタンは、イスラム教徒の国じゃ。肉をよく食べる。

肉ってなんの肉ですか？

いい質問じゃ。宗教によっては、食べられない肉がある。インドに多いヒンドゥー教徒は、牛肉を食べない。パキスタンに多いイスラム教徒は、豚肉を食べてはならん。パキスタンでは水牛の肉をよく食べるんじゃ。

ああ！　牛より大きくてめっちゃ強そうな、黒くてでかいやつ。

インドの周りだけでも、いろんなカレーがあるんですね。もっと他の国のカレーも教えてほしい！

インドの次にカレーといえば、タイじゃな。タイのカレーはレッドカレー、グリーンカレー、イエローカレーの3種類が有名じゃ。

うわー、カラフル。信号機みたい。

ただ、タイもインドと同じで、もともとカレーなんて料理はなかったんじゃ。もともとの名前は、グリーンカレーはゲーンキャオワーン、レッドはゲーンペッ、イエローはゲーンカリー。とうがらしやスパイス、ハーブをペーストにして使うから、香りもいいが辛い。ココナッツミルクやココナッツシュガーという砂糖、ナンプラーという発酵調味料の味が混じり合って、ふくざつなうま味があるのがとくちょうじゃ。

日本から近い国はどうなの？

韓国や中国、台湾などには、日本のカレーが広まりはじめている。中国・上海のラー

メン屋さんに行くと、ほんのりカレー風味のカレーラーメンがあるぞ。カレールウが輸出されているんじゃ。香港には、ココナッツミルクの風味をきかせた独自のカレーがある。イギリスが支配していた時代があるからじゃ。

カレー粉を発明したイギリス！

そう、カレー粉が伝わって、独自のカレーが生まれた。同じようにイギリスが支配した歴史がある中南米のジャマイカには、「カリーゴート」っていう料理があって国民食のように親しまれている。ヤギのカレーじゃ。ジャマイカにもともとあったヤギの煮込み料理に、カレー粉が入ったんじゃな。でも、その北側にあるメキシコやアメリカ、カナダ、南側にあるペルーやブラジルには、独自のカレー文化はなさそうじゃ。

そうか、世界中どこにでもカレーがあるわけじゃないんですね。

その通り。こうやって見ていくとカレーのある場所とない場所には、ある共通点があるんじゃ。わかるかな？

ええと、インド人がいる？

正解じゃが、もうひとつある。かつて、イギリスが侵略したり支配したりした歴史がある、ということじゃ。イギリスが支配した場所にはカレーが伝わっている。イギリス人が世界中にカレーを運んだんじゃ。それにイギリス人はインド人を労働力としてさまざまな国に連れて行ったし、インド人たちが自ら移り住んだ場所もある。そういうところには、インド料理としてカレーが伝わった。だから、世界中にカレーやカレーらしき料理があるのは、イギリス人とインド人のおかげだとも言えるのう。

なんか、びっくりするようなカレーがある国はないの？

そうじゃな、南アフリカ共和国にある。アフリカ大陸の南のはしの国じゃ。カレーパンがあると聞いておる。

え？　日本から伝わったの？

それが、日本のカレーパンとは全くちがうんじゃ。不思議なカレーパンじゃよ。切る前の食パンみたいな、立方体とか直方体をした大きいパンの、上の部分だけうすく切り取って、中身を全部くりぬく。そこにカレーを入れて、切り取ったパンの耳でふたをしてあるんじゃ。

おもしろ！　何それ、どうやって食べるの？？

ワシもまだ食べたことはないから、わからん。ヒロトが行ってたしかめてきてくれ。あとは、日本から伝わったかもしれないおもしろいカレーが、マカオにあるぞ。なんと、カレーおでん。

ええ？　カレー味のおでん？

そう。マカオのとあるせまいストリートに、ずらっとおでん屋さんが並んでいる。どの店もみんな、カレーおでんを出しているんじゃ。おでんの汁が日本のカレーのような味わいで、具も日本のおでんに似ておる。なぜこの「おでんストリート」ができたのかはよくわからんが、日本から伝わった可能性もありそうじゃ。

ヨーロッパは、イギリスにしかカレーがないんですか？

ドイツにあるぞ。カリーヴルストという、簡単に言えばカレーソーセージじゃな。ソーセージを焼いて、ケチャップとカレー粉をドバッとかけた、B級グルメみたいなものじゃ。

ええ、それはちょっとまずそう……。

いや、うまいんじゃ。ベルリンやハンブルクには、カレーソーセージの屋台がたくさんある。ベルリンには、なんとカレーソーセージ博物館まであるんじゃ。そこに行って知ったことじゃが、かつてイギリスとドイツが戦争をしたときに、ドイツにいるイギリス軍の兵士へ送られた食糧の中に、カレー粉が入っていた。そのカレー粉を、イギリス軍が運んでいるとちゅうで落としてしまったんじゃな。それをドイツ人が拾って使いだしたのが、カレーソーセージの始まりだと言われておる。

ドイツ、ラッキーじゃん。

ひょんなことからカレーが伝わる場合もある。これからも、世界中にカレーは広まっていくことじゃろう。

カレーはイギリス人かインド人が伝えたんだとしたら、日本にはどちらから来たんですか？

ぼく、それはもう教えてもらったからわかるよ。イギリス！

その通り。だから、日本のカレーにとってイギリスはお父さん、インドはおじいちゃんということになる。

日本のカレーにとっての子どもはいないの？

そうじゃのう、日本のカレーは中国やアメリカに伝わって一部で食べられている。カツカレーがだんだん人気になってきているとも聞く。とはいえ、「日本のカレーの子どもです」と言えるまで広まっている国は、まだないかもしれんのう。

ぼくたちの最強カレーが、そんなふうになったらいいな。

なんか夢がふくらむなあ。

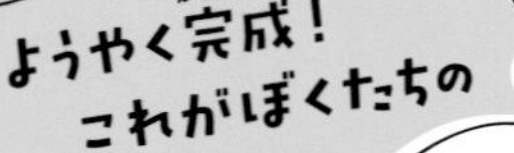

レシピ

最強カレー

材料・4人分

- 植物油 …… 大さじ2
- 玉ねぎ（くし形切り）…… 中1個（250g）
- にんにく（すりおろし）…… 1かけ
- しょうが（すりおろし）…… 1かけ
- とりもも肉（ひと口大に切る）…… 400g
- カレー粉 …… 大さじ2
- 砂糖 …… 小さじ1
- 水 …… 300mℓ
- うす口しょう油 …… 大さじ1
- ケチャップ …… 大さじ1
- ガラムマサラ（あれば）…… 小さじ1〜3
- カレールウ（好みのもの）…… ひとかけ

下準備

にんにくとしょうがを100mℓの水（分量外）で溶き、「GGジュース」にしておく。

ガーリック（Garlic）とジンジャー（Ginger）でGGだよ

作り方

① なべに油を中火で熱し、玉ねぎを加えて10分ほどいためる。表面がキツネ色になるまで。

ここはがんばってしっかりいためてね

② GGジュースを加えて水分がなくなるまでいためる。

③ とり肉を加えて、肉の表面全体がほんのり色づくまでいためる。

④ 火を弱めて、カレー粉と砂糖を加えていため合わせる。

⑤ 水を注いで強火で煮立て、弱火にしてしょう油とケチャップを加えて混ぜ合わせ、10分ほど煮る。

水が減りすぎたら、追加しよう

⑥ 火を止めてガラムマサラとカレールウを加えて溶かし混ぜ、再び加熱してほどよいとろみがつくまで煮る。必要なら塩で味を調整する。

ガラムマサラはお好みで

味をみながらしんちょうに入れてね！

ごはんをよそって、カレーをかけたらできあがり！

エピローグ
林間学校　当日
チュン
チュン
ムクリ
マスターねてるのかな
起こさないでおいてあげよ
行ってきまーす！
フッ
今日は絶対最強カレーの調理のコツを聞いてくると思ったが…
成長したなヒロト
もうレシピはばっちり完成したということじゃな！
オハヨー
だって、いまのぼくには
オハヨ
マサって相棒がいる！
そして昼食——

最強カレー、おまちっ
ドドンッ
このカレーめっちゃうまっ
これは「最強」だね
やったねヒロト！
と、マサな！
へへっ
うっ
わたしがかつてひとりで成しとげられなかった「最強カレー」の完成をこの子たちは二人で協力して…すばらしいわ！
ねーねー二人とも！

こんど、地区のお祭でカレーフェスやるんだけどさ、そこで最強カレー作ってくれない？

なんか、となりの△△小からすごいカレーを作る子たちが来るらしいんだよ〜

それは負けられないな！

シュルッ

マジか〜！最強カレー完成させたと思ったら…

カレーの道は、まだまだ先が長そうだね

とりあえず、帰ったらマスターに報告しよっか！

だね！

？

せーのっ

「最強カレー」！

し〜〜〜ん…
おかしいな…
ねてる？
マスター？
最強カレー
最強カレーー
最強カレーー！
最強カレーー！
最強カレーー
マスターのこまくやぶれない？
ポン

あれは…
手紙かな？
パラリ
―ヒロトとマサへ―

ヒロトとマサへ

いつものようにワシが出てくると思ったか？
ワシが出てこなくて、困っているか？　さみしいか？　ハッハッハッ。
これからはもうワシは出ないぞ。
南アメリカのほうでめずらしいスパイスが見つかってな。
調べるために、長い長い旅に出ることになった。
いまだに知らないことがあるっていうのはワクワクしてたまらん。

最強カレーの味はどうじゃった？
みんなによろこんでもらえたようじゃのう。
でも、ワシにはキミたちの気持ちが手に取るようにわかる。
きっとまだ満足できておらんだろう？

ワシがキミたちに教えることはもうすべて教えた。
だからこれからはワシがいなくても、おいしいカレーを探求してほしい。
最後に大事なことをふたつ教えよう。

★1 仲間といっしょに考えること。ヒロトはマサという仲間を見つけた。他にも同じように、おいしいカレーを目指している仲間がどこかにいるはずじゃ。ひとりで考えるよりもみんなで考えた方がいい。アイデアが生まれるし、新しい発見もできる。

★2 答えは自分で見つけだすこと。カレーの世界には、正解も不正解もない。もし正解があるとしたら、自分の中にだけあるんじゃ。だから、誰かにたよらず、最後は自分で探さねばならん。道のりは長いぞ。ワシはいまでも自分の正解を探しておるからな。

おっと、もう出発の時間じゃ。
では、ヒロトもマサもがんばってくれ。
この世界は君たちが想像している以上に楽しいぞ。
じゃ～な～！

マスターより

もっとカレー道を極めたくなったキミに！

カレー本ガイド

レシピ

● ナイル善己
『「ナイルレストラン」ナイル善己のやさしいインド料理』
世界文化社

● 水野仁輔監修、東京カリ～番長
『世界一やさしいスパイスカレー教室』
マイナビ出版

● 水野仁輔
『東京カリ～番長・水野仁輔の家カレーベスト』
主婦と生活社

食べ歩き／店づくり

● 伊藤ハムスター、案内人・小野員裕
『うますぎ！ 東京カレー』
KADOKAWA

● 辻智太郎
『行列ができるカレー店の秘密「もうやんカレー」のつくり方』
カナリアコミュニケーションズ

スパイス

● ジル・ノーマン
『スパイス完全ガイド 最新版』
山と溪谷社

● 水野仁輔
『いちばんやさしい スパイスの教科書』
パイインターナショナル

歴史

● 水野仁輔
『カレーライスはどこから来たのか』
小学館文庫

● 森枝卓士
『カレーライスと日本人』
講談社学術文庫

雑学

● 水野仁輔
『ニッポンカレー大全』
小学館

エッセイ／読みもの

● 水野仁輔
『カレーになりたい！』
イースト・プレス

● 水野仁輔
『わたしだけのおいしいカレーを作るために』
パイインターナショナル

あとがき

カレーに出会えてラッキーだったと思うことは多々あります。

だってこんなにもおいしい料理だから。でもそれだけではないんです。もっとおいしいカレーを作りたいという探求心、もっとカレーを楽しみたいという好奇心。カレーを通して行きたい場所へ行ける、会いたい人に会えるという発見や行動力。自分のどこにそんなものが眠っていたのかと驚くほどです。しかもそれが、これからも消えそうにない。

こんな常套句を聞いたことはありませんか？

「人生で大事なことは、すべて○○から教わった」

そう、僕の場合、○○にはカレーが入ると断言できます。

カレーに出会えてラッキーだったと思うと同時に、別にカレーじゃなくてもよかったのかもしれないと思うこともあります。

テニスでも漫画でもジャズでもマグカップでも、道路の水たまりでもいい。時間を忘れて夢中になってしまえば、きっと僕はカレーと同じことをしていたでしょう。つまり、仲間を探してとことん面白がろうとする。誰も気がつかなかった切り口を見つけて、誰も想像しなかった世界を思い描こうとする。寝ても覚めてもそのことばかり考えて、ただ考えるだけじゃなく、どこまでも考え抜こうとする。パッと光が差したりカーンと心の鐘が鳴ったりし、興奮する。とにかくとことん向き合うんです。

どの道を歩んだとしても、最後はきっと同じところにたどり着く。

それが物事の本質というやつじゃないかと僕は思っています。

今、僕が力を入れている活動に「カレーの学校」があります。料理教室ではなく、カレーの魅力をあらゆる角度から掘り下げてひたすらおしゃべりし続ける。「二度と同じ授業はしない」と銘打って、これまで90分の授業を200コマ（種類）近く行ってきました。まだまだこれからも続きます。それほどカレーは魅力的な世界なんです。

次に僕がやりたいと思っているのが「カレーの小学校」でした。大人たちがあんなに前のめりで話を聞いてくれるなら、子供たちにも！　まだ実現してはいませんが、一足先に本書が形になりました。大人たち以上にキラキラしてくれる姿が目に浮かびます。

そんなふうに本書がどこかで誰かの好奇心に火をともすキッカケになりますように。

水野仁輔

著者プロフィール

文・水野仁輔

カレー研究家。株式会社エアスパイス代表、「カレーの学校」校長。1999年に立ち上げたユニット「東京カリ～番長」では、料理人として全国各地での出張ライブクッキングを実施。現在も世界を旅するフィールドワークを通じて「カレーとはなにか？」を探究し続けている。「AIR SPICE」では、コンセプト、商品、レシピ開発のすべてを手がける。カレーやスパイスに関する著書は60冊以上。

マンガと絵・伊藤ハムスター

多摩美術大学油絵科卒。クスッと笑えるイラストが人気のイラストレーター。山崎聡一郎『こども六法』、深井宣光『小学生からのSDGs』などベストセラーのイラストを多く手がける。カレーが大好きで、著書に『うますぎ！東京カレー』がある。

最強！カレー道 10歳から学べる食の本質

2023年6月30日　第1刷発行

文　水野仁輔
マンガと絵　伊藤ハムスター
発行人　清宮 徹
発行所　株式会社ホーム社
〒101-0051 東京都千代田区神田神保町3-29 共同ビル
電話［編集部］03-5211-2966
発売元　株式会社集英社
〒101-8050 東京都千代田区一ツ橋2-5-10
電話［販売部］03-3230-6393（書店専用）
［読者係］03-3230-6080

印刷所　凸版印刷株式会社
製本所　株式会社ブックアート
ブックデザイン　東京100ミリバールスタジオ
撮影　山口真由子（水野仁輔 近影）
協力　竹田太造（スペーススパイス）、山登伸介（シバカリーワラ）、渡辺雅之（TOKYO MIX CURRY）

Saikyou Curry Dou

Printed in Japan　ISBN978-4-8342-5373-3　C0036